Schweizerische Gemeinnützige Gesellschaft

SeitenWechsel

Schweizerische Gemeinnützige Gesellschaft SGG,
Tony Ettlin (Hg.)

Seiten**Wechsel**

Lernen in anderen Arbeitswelten

orell füssli Verlag AG

© 2003 Orell Füssli Verlag AG, Zürich
www.ofv.ch
Alle Rechte vorbehalten

Umschlagabbildung: Theres Jörger, Zürich
Umschlaggestaltung und Layoutkonzept: Theres Jörger, Zürich
Bilder auf den Seiten 16/17, 80/81, 164/165, 192/193 und 234/235:
Theres Jörger, Zürich
Die Erzählung auf Seite 156: Franz Hohler: *Der Knecht*, aus: Hin- und
Hergeschichten, © Verlag Nagel & Kimche, Zürich, mit freundlicher
Genehmigung von Franz Hohler
Druck: fgb · freiburger graphische betriebe, Freiburg i. Brsg.
Printed in Germany

ISBN 3-280-05037-5

Bibliografische Information der Deutschen Bibliothek
Die Deutsche Bibliothek verzeichnet diese Publikation in der Deutschen
Nationalbibliografie; detaillierte bibliografische Daten sind im Internet über
http://dnb.ddb.de abrufbar.

Inhalt

Teil 2
Die Wirkung, die Ergebnisse, Lernprozesse

Teil 3
Die Erfahrungen in den sozialen Institutionen

7

Editorial

Es geht ums Ganze.

Wenn Führungskräfte der Wirtschaft eine Woche in sozialen Institutionen arbeiten, ist das nicht nur ein Ausflug in eine andere Welt. Es ist ein symbolischer Akt der Zusammengehörigkeit. Die Wirtschaft kann nur als Teil der Gesellschaft bestehen, die Gesellschaft ist auf eine funktionierende Wirtschaft angewiesen. Probleme, die oft als rein ökonomische oder rein soziale dargestellt werden, erweisen sich bei näherem Betrachten als gemeinsame.

Im SeitenWechsel kommen aber auch noch andere Welten zusammen: Ein erfolgreicher, gut funktionierender Manager entdeckt im Kontakt mit benachteiligten Menschen sein Mitgefühl. Eine soziale Institution erkennt im Vergleich mit einem Unternehmen ihre Professionalität im Umgang mit komplexen Situationen. Die betriebswirtschaftliche Sichtweise wird mit volkswirtschaftlichen und gesellschaftlichen Dimensionen erweitert. Global gedachte Strategien bekommen einen lokalen Tiefgang. Unternehmen thematisieren ihre soziale Verantwortung, soziale Institutionen entdecken ihre unternehmerische Stärke.

Diese Wirkungen gehen weit über die vordergründige Zielsetzung des SeitenWechsels hinaus und sind doch beabsichtigt. Es geht im SeitenWechsel um Ganzheit. Der Anspruch ist hoch: Führungskräfte sollen ihre Persönlichkeit abrunden und zu einem umfassenderen Verständnis von unternehmerischen und gesellschaftlichen Zusammenhängen gelangen. Mitarbeitende von sozialen Institutionen sollen ein realistischeres Bild der Wirtschaft gewinnen. Auf beiden Seiten sollen Klischees und Vorurteile abgebaut und durch konkrete Erfahrungen ersetzt werden. Der SeitenWechsel ist damit ein Instrument der Managemententwicklung, aber auch eine sozialpolitische Intervention.

Dieses Buch schildert die Erfahrungen und Ergebnisse einer

zehnjährigen Projektarbeit. Ist die Welt dadurch eine bessere geworden? Kann sein. Wenn die individuellen Erlebnisse der Beteiligten etwas zur Ganzheit auf verschiedenen Ebenen beigetragen haben, hat sich der Einsatz auf jeden Fall gelohnt. Wie soll sich denn die Welt sonst weiterentwickeln, wenn nicht durch Initiativen Einzelner, die mit Beharrlichkeit und Überzeugung umgesetzt werden? Dieses Buch ist ein weiterer Schritt auf diesem Weg. Viele haben einen Beitrag geleistet: die SeitenWechslerInnen, die VertreterInnen der sozialen Institutionen, die Schweizerische Gemeinnützige Gesellschaft, die AutorInnen, die Unternehmensleiter, die Redaktionskommission, die SeitenWechsel-Kommission der SGG, die Gestalterinnen, der Verlag. Ihnen allen sei herzlich gedankt.

Zürich, im Mai 2003
Tony Ettlin

Vorwort

Judith Stamm, Präsidentin der Schweizerischen Gemeinnützigen Gesellschaft

SeitenWechsel ist ein Bildungsangebot der Schweizerischen Gemeinnützigen Gesellschaft an die Wirtschaft. Führungsleute aus der Wirtschaft haben die Möglichkeit, eine Woche lang in einer Institution des Sozial- oder Gesundheitswesens mitarbeitend den Alltag zu erfahren. Aber auch in umgekehrter Richtung geht der Austausch. Mitarbeitende aus sozialen Institutionen lernen Betriebe der Wirtschaft kennen. Dieser Austausch fördert das Kennenlernen einer ganz anderen Arbeitswelt. Dieser Austausch hilft mit, Vorurteile abzubauen, und schafft oft Beziehungen, welche die SeitenWechsel-Woche lange überdauern.

Wozu ein SeitenWechsel? Das Gefühl für soziale Verantwortung soll in der Wirtschaft gestärkt werden. Das ist wichtig auf der strategischen Ebene. Das ethische Verhalten der Führungskräfte in Unternehmen soll vertieft, die Qualität der Zusammenarbeit soll gestärkt, das Bewusstsein für Standortverantwortung soll geschärft werden.

Das kann nur geschehen, wenn Menschen, die in der Wirtschaft führend sind, ihre soziale Kompetenz erweitern, ihre Fähigkeit im Umgang mit für sie unüblichen Situationen und für sie außergewöhnlichen Menschen trainieren – und wenn sie Mut fassen, was sie in dieser Woche gelernt haben, auch in die Gestaltung des täglichen Arbeitsalltags, des eigenen und desjenigen der Mitarbeitenden, einfließen zu lassen.

Erfahrungen in einer psychiatrischen Klinik lassen Stressbewältigung im obersten Kader in einem anderen Licht erscheinen. Einblicke in ein Jugendheim machen verständlich, warum sich häusliche Sorgen mit schwierigen Heranwachsenden auch am Arbeitsplatz auswirken. Und Kenntnisse aus dem Pflegeheim über den Umgang mit schwer pflegebedürftigen Menschen führen dazu, dass entsprechende Belastungen von Menschen im beruflichen Umfeld nicht einfach als irrelevant abgetan werden.

Allerdings benötigen SeitenWechslerinnen und SeitenWechsler eine gehörige Portion Mut, das Erlebte, Erfahrene, Gelernte auch im Arbeitsalltag umzusetzen. Sie selbst haben sich vielleicht verändert. Aber als «soziales Gewissen» in einem Unternehmen zu wirken, ist für den Einzelnen oder auch für mehrere zusammen nicht so einfach. Gegen den Strom zu schwimmen, ist nie ein Pappenstiel.

Als Präsidentin der Schweizerischen Gemeinnützigen Gesellschaft bin ich stolz darauf, dass wir seit Jahren der Wirtschaft dieses Angebot machen können. Und es erfüllt mich mit großer Genugtuung, dass immer mehr Unternehmen davon Gebrauch machen. Es ist eine Freude, von SeitenWechslerinnen und SeitenWechslern immer wieder zu hören, wie prägend diese einzelne Woche in einer vorher unbekannten Arbeitswelt für ihre persönliche Lebens- und Berufseinstellung gewesen sei.

Das hängt auch damit zusammen, dass die Projektverantwortlichen aller Ebenen gute und sorgfältige Arbeit leisten. Das hängt von den SeitenWechselnden selber ab, die sich mit Engagement an ihrem neuen Arbeitsplatz einsetzen. Das bewirken aber auch alle Mitarbeitenden der Institutionen, welche SeitenWechselnde empfangen und eine Woche lang einführen und begleiten.

Neben Stolz, Genugtuung und Freude empfinde ich daher auch ein Gefühl großer Dankbarkeit allen Beteiligten gegenüber. Es ist nicht selbstverständlich, dass sich unser Angebot durch die Jahre hindurch immer wieder verbessern und zu Topqualität heranreifen konnte. Dass dies auch in Zukunft so bleiben wird, dafür wird sich die Schweizerische Gemeinnützige Gesellschaft weiterhin mit vollen Kräften einsetzen!

Schweizerische Gemeinnützige Gesellschaft – Pionierin der Gemeinnützigkeit und Wohlfahrt

Im Jahre 2010 wird die Schweizerische Gemeinnützige Gesellschaft, SGG, 200 Jahre alt. Sie wurde 1810 gegründet. In der Zeit der Gründung des modernen schweizerischen Bundesstaates und im Vorfeld seiner Entwicklung war sie die wichtigste soziale und sozialpolitische Organisation der Schweiz. In fast allen Kantonen existieren kantonale, regionale und lokale Gemeinnützige Gesellschaften. Diese sind mit der SGG lose verbunden, handeln aber als eigenständige Körperschaften.

Das Leitbild der SGG

– Die Schweizerische Gemeinnützige Gesellschaft ist eine führende Organisation zur Förderung der Gemeinnützigkeit und der Wohlfahrt in der Schweiz.

– Die SGG bringt Menschen und Organisationen zusammen, die sich einsetzen für gesellschaftliche Entwicklungen im Interesse und im Dienste aller, für sozialen Ausgleich und für die situationsgerechte Stärkung von Benachteiligten.

– Die SGG entwickelt, fördert und verbreitet innovative Ideen und modellhafte Projekte, teils als alleinige Trägerin, teils in Zusammenarbeit mit anderen.

– Die SGG arbeitet mit Partnern aus Politik, Wirtschaft, Wissenschaft, Bildung, Kultur und Sozialwesen zusammen.

– Die SGG nimmt an der politischen Diskussion über Themen der Gemeinnützigkeit teil und engagiert sich für die Verbreitung eines sozialen Verantwortungsbewusstseins in der Bevölkerung.

Wichtige historische Leistungen

– Förderung der unentgeltlichen obligatorischen Volksschule
– Projekte zur gesunden Ernährung
– Gründung von Pro Juventute, Pro Senectute, Pro Familia, Pro Mente Sana, Schweizerische Berghilfe

- Kauf der Rütliwiese und Schenkung an die Eidgenossenschaft, Verwaltung durch die SGG
- Projekt SeitenWechsel

Teil 1

Wie alles begann und was daraus wurde

Begegnung war das Stichwort, aber nicht die, die sich immer und überall begegnen, sollten zusammenkommen. Welten sollten sich treffen und voneinander lernen. Ein Weiterbildungsprogramm für Führungskräfte entstand. Die Idee war gut, aber würde sie überleben? Starke Frauen und Männer waren gefragt. Sie nahmen den Faden auf und knüpften ein Netz, das sich ausweitete und sich als tragfähig erwies. Deutschland begann die Seite zu wechseln, und die Romandie erfand TransFaire.

SeitenWechsel – Analyse und Strategie
Genannte und unerkannte Ziele

Dr. Herbert Ammann, Geschäftsführer der Schweizerischen Gemeinnützigen Gesellschaft

1989 hörte ich erstmals von einem Programm, welches im Hinblick auf die 700-Jahr-Feier der Eidgenossenschaft entwickelt werden sollte und später den Namen «SeitenWechsel» erhielt.

1989 brach der Eiserne Vorhang und damit das sozialistische System sowjetischer Prägung zusammen, das westliche Wirtschaftssystem vermochte sich weltweit durchzusetzen, selbst in China.

1989 war die Diskussion um den Shareholder-Value auf dem Höhepunkt.

1989 waren wir in der Schweiz auf dem Höhepunkt einer überhitzten Konjunktur, zwei Jahre vor der tiefgreifenden und verunsichernden Rezession der Neunzigerjahre.

Der Fokus des SeitenWechsels liegt bei den Führungskräften von größeren Wirtschaftsunternehmen. Allein damit sind zwei Dinge gesagt:

– Entwicklung und Veränderung werden von dieser Zielgruppe erwartet.

– Offensichtlich besteht ein Bedarf bei dieser Zielgruppe nach einem spezifischen Programm, wie es SeitenWechsel darstellt, soziale Verantwortung soll entwickelt werden.

Überlegungen zu SeitenWechsel

Hinter dem Programm SeitenWechsel stecken eine Analyse und eine strategische Vorgabe. Bei der Analyse sind folgende Elemente zentral:

1. Unsere Gesellschaften werden in hohem Maße von der Wirtschaft und dort wiederum von den großen und dominanten Ak-

20

teuren, den großen Unternehmen, geprägt und bestimmt. Deren gesellschaftliches Verhalten wird wesentlich von deren Führungskräften definiert; sie sind weitgehend die Träger und Multiplikatoren der unternehmensspezifischen Kultur.

2. Der soziale Faktor ist für die Entwicklung von Unternehmen zentral; soziale Kompetenz ist deshalb für Führungskräfte unabdingbar.

3. Der Leistungsdruck und die (vermuteten) Anforderungen an eine Karriere, gerade für Nachwuchskader, ist bereits während des Studiums und dann beim Eintritt in die Arbeitswelt, dermaßen gross, dass den Einzelnen häufig genügend Möglichkeiten fehlen, um soziale Kompetenzen in anderen gesellschaftlichen Feldern zu erwerben.

4. Die zunehmende Rekrutierung von Führungskräften aus der Mittelschicht/Oberschicht, verbunden mit einer durch die Urbanisierung geförderte Homogenität der für die Individuen realen und bestimmenden Lebenswelt, bewirkt, dass ein Teil der künftigen Führungskräfte kaum je in Kontakt mit Menschen der gesellschaftlichen Ränder kommt.

Bei der strategischen Vorgabe sind folgende Überlegungen von Bedeutung:

- Soziale Kompetenz kann durch ein Bildungsprogramm so gefördert werden, dass diese nachweisbar verbessert wird.
- Damit sich ein solches Bildungsprogramm in seiner Wirkung optimal zu entwickeln vermag, ist es idealerweise Bestandteil der unternehmensinternen Personalentwicklungsmaßnahmen.

SeitenWechsel ist ein Programm der Gemeinnützigkeit

SeitenWechsel wurde 1993 von der SGG lanciert und in Zusammenarbeit mit Fachleuten aus den Bereichen Personalentwicklung, Wirtschaft, Bildung und Humankapital entwickelt. In diesem Sinne ist es ein typisches SGG-Projekt.

Die SGG bewegt sich seit ihrer Gründung, 1810, zwischen den Eckpunkten Sozialwesen und Bildung einerseits und Politik und Wirtschaft andererseits.[1]

Je nach historisch-gesellschaftlicher Situation hat die SGG innerhalb dieser vier Felder interveniert und je nach Bedarf Schwerpunkte gesetzt. Sie kämpfte zu Beginn ihrer Geschichte für unentgeltliche und obligatorische Volksschulen und setzt sich bis heute für eine umfassende Bildung ein. Sie gründete/förderte wirtschaftliche Unternehmungen, Versicherungen und Ersparniskassen, welche das Gedeihen von Unternehmen der gewerblichen und industriellen Produktion unterstützen konnten.

Sie gründete eine große Reihe von verschiedensten sozialen Organisationen, Heime, in der Tradition von Pestalozzi, ihrem ersten Präsidenten. Aber auch die großen privaten Organisationen gehen entweder direkt (Pro Juventute, Pro Senectute, Pro Mente Sana) oder indirekt (Pro Infirmis oder der Verband der Berufsberater) auf die SGG zurück.

Schließlich mischte sie sich immer wieder in die politische Diskussion ein, sei das bei Fragen der Sucht, Alkohol, Spiel, oder sei es, wie im letzten Jahr, gar als Trägerin für die Abstimmungskampagne zur Schaffung der Stiftung «Solidarität Schweiz». Leider wurden in der Abstimmung am 22. September 2002 nur 48,5 Prozent Ja-Stimmen erreicht, die Stiftung konnte nicht geschaffen werden.

Warum ich das erzähle? Weil es exakt diese bald zweihundertjährige SGG war, welche sich entschloss, ein Weiterbildungsprogramm für Führungskräfte zu lancieren, den SeitenWechsel. Sie tat dies unter dem Eindruck der Globalisierung, des Siegeszuges des einseitigen Shareholder-Values und einer Rezession, wie sie die Schweiz nach dem Zweiten Weltkrieg nicht mehr erlebt hatte. Sie tat dies in ihrer Tradition und dem Bewusstsein, dass zu einer gesunden

---

[1] Vgl. O. Hunziker/R.Wachter: Geschichte der Schweizerischen Gemeinnützigen Gesellschaft, Gebr. Leemann & Co. 1920.

gesellschaftlichen Entwicklung auch eine verantwortungsvolle und prosperierende Wirtschaft gehört.

Die SGG erwartete vom Programm die oben erwähnten Ziele, wie sie von Beginn weg operationalisiert und überprüft wurden. Darüber hinaus aber wollte die SGG auch einen Beitrag für ein sozial verantwortliches Wirtschaften leisten, wie sie das immer wieder in ihrer Geschichte getan hat.

Dass ein solches Programm in den Neunzigerjahren gestartet und erfolgreich entwickelt werden konnte, war nur deshalb möglich, weil sich in immer mehr Unternehmen die Einsicht durchzusetzen vermochte, dass Unternehmen sowohl aus Gründen der Unternehmensentwicklung wie auch aus ethischen Überlegungen gut daran tun, wenn sie sozial verständig handeln und sich in der für sie relevanten Umwelt auch über die unmittelbaren wirtschaftlichen Unternehmensziele hinaus engagieren.

Die Schweiz ist Teil der Welt

Selbstverständlich ist und war die Schweiz von diesen Fragen nicht exklusiv betroffen, auch andernorts bereiteten die Widersprüche zwischen den wirtschaftlichen Entwicklungen und den gesellschaftlich-sozialen Spannungen zunehmend Sorgen und führten zu Anstrengungen und Programmen, welche Gegensteuer geben wollen.

Vor allem in den angelsächsischen Ländern tauchte zunehmend der Begriff *Corporate Volunteering*[1] auf.

Darunter wird das Zurverfügungstellen von Humanressourcen für gemeinnützige Zwecke durch ein Wirtschaftsunternehmen verstanden. Das Unternehmen stellt dem Gemeinwesen, bzw. den Non-Profit-Organisationen, welche sich für das Gemeinwesen engagieren, sein bezahltes Personal zur Verfügung. Daneben wird von «Corporate Giving» gesprochen, wenn das Unternehmen Güter oder

---

1 Vgl. Renate Schubert et al.: Corporate Volunteering, Unternehmen entdecken die Freiwilligenarbeit, Haupt, Bern, 2002.

Geld spendet. Schliesslich kann dem Gemeinwesen vom Unternehmen auch Infrastruktur zur Verfügung gestellt werden. Diese letzte Form spielt gerade in kleinstädtischen und ländlichen Gebieten, nicht nur in der Schweiz, eine sehr große Rolle. So wären eine große Zahl von Vereinsaktivitäten, nicht zuletzt Dorf-, Stadt- und Quartierfeste ohne solche Unterstützungen kaum möglich.

Corporate Volunteering hat sich in den letzten Jahren zu einem eigentlichen Schlüsselbegriff zum Verhältnis von Wirtschaftsunternehmen zu den Organisationen der Zivilgesellschaft entwickelt. Es entstand eine ganze Reihe von Vereinigungen und Organisationen, welche sich der Frage der gesellschaftlichen Verantwortung von Unternehmen annahmen. Interessant ist auch, dass viele dieser Mittler des «Corporate Volunteering» von vornherein international vernetzt sind, sei es, dass sie Teil eines internationalen Netzwerks sind, sei es, dass sie internationale Partnerschaften pflegen.

Darin spiegelt sich das weltwirtschaftliche Selbstverständnis vorwiegend der grossen Akteure, welches im Begriff der Globalisierung bzw. Internationalisierung auf den Punkt gebracht wird.

Offensichtlich ist den Strategen dieser grossen multinationalen Unternehmen nicht entgangen, dass sie, vorwiegend in den Gastländern, aber nicht nur dort, an einem Legitimationsdefizit leiden. Corporate Volunteering eignet sich hervorragend dafür. Im relevanten Kontext des Standorts erleben Tausende von Menschen das direkte Engagement des Unternehmens hautnah.

Wenn sich zum Beispiel im Falle des Novartis-Tags 1500 Mitarbeiterinnen im Grossraum Basel (siehe Gespräch mit Daniel Vasella, CEO der Novartis, im Teil 4 dieses Buches ab Seite 211) als Botschafter des Unternehmens für Sozialeinsätze zur Verfügung stellen, dann begegnen sie dort einem Vielfachen von Menschen. Am selben Tag und in den Tagen danach werden wiederum Tausende mit den am Einsatztag Beteiligten sprechen. Man kann also ohne weiteres davon ausgehen, dass, ohne jede Begleitung durch Medien, mehrere zehntausend Menschen erfahren, dass Novartis seine Mit-

arbeiterinnen und Mitarbeiter freigestellt hat, um sich sozial zu engagieren. Der Anlass für die Lancierung des Novartis-Day war die Fusion der beiden traditionsreichen Basler Unternehmen, Ciba-Geigy
und Sandoz, beide mit einer spezifischen Firmenkultur. Auch wenn
das Muster, einen groß angelegten Tag durchzuführen, ein ameri-
kanisches ist (immerhin beschäftigt die neue Firma in den USA
mehr Mitarbeiter als in der Schweiz, von der Größe des Marktes ganz
zu schweigen), so konnte doch in Basel sowohl gegenüber den Mitarbeiterinnen wie auch gegenüber der Öffentlichkeit deutlich gemacht
werden, dass die neue Firma sich auch in Zukunft für das Gemeinwesen engagieren wird.

Die Frage, wie sich dieses Engagement quantitativ und qualitativ
von der Gründung dieser Firmen bis zur Fusion und anschließend
weiterentwickelt hat, ist damit allerdings nicht beantwortet. Wenn
man dieses Engagement mit den Ergebnissen vergleicht, welche meine Studie in Zusammenarbeit mit dem Schweizerischen Arbeitge-
berverband ergab, dann ist festzustellen, dass sich in der Schweiz
viele Unternehmen traditionellerweise in mindestens gleichem Um-
fang engagieren, ohne den Begriff Corporate Volunteering überhaupt zu kennen.[1]

SeitenWechsel und Corporate Volunteering, eine Klarstellung

Corporate Volunteering zielt auf etwas anderes als SeitenWechsel.
Zentral geht es darum, dass Unternehmen sich als Bestandteil ihres
Kontextes und in Wechselwirkung mit diesem Kontext verstehen.
Wenn sich daraus eine Förderung der sozialen Kompetenz der Mit-
arbeiter ergibt, dann wird das sicher freuen, ist aber nicht prioritäre
Intention. Ziel ist ein gutes Verhältnis des Unternehmens zu seinem
Standort.

Dass Corporate Volunteering eine durchaus lange Tradition

---

1 Vgl. Herbert Ammann: «Schweizer Unternehmen nehmen Freiwilligkeit ernst»,
in: Schweizer Arbeitgeber, 5/01.

kennt (ich denke an Hershey in den USA, aber ebenso an Bally in Schönenwerd, mindestens so lange es Bally dort noch gab, oder auch die Ideen von Duttweiler mit dem Migros Genossenschaftsbund), scheint mir unbestritten zu sein. Demgegenüber steht beim SeitenWechsel eine Bildungsanstrengung im Zentrum. Dies in bester Tradition der Aufklärung, wird doch davon ausgegangen, dass die im SeitenWechsel gemachten kognitiven und emotionalen Erfahrungen verarbeitet werden und für die berufliche Tätigkeit der Führungskraft fruchtbar werden. Die in diesem Buch erstmals veröffentlichten Daten bestätigen diese Annahme (siehe Teil 2 «Was bewirkt der SeitenWechsel?», ab Seite 84).

Wenn ein Mensch zielgerichtet für eine bestimmte Rolle lernt, im Falle des SeitenWechsels ist es die Rolle als Vorgesetzter, so wird er das Gelernte auch für andere soziale Rollen fruchtbar machen. Dieses Phänomen können wir beim SeitenWechsel beobachten und feststellen, dass Führungskräfte offensichtlich nicht nur ihre Rolle als Vorgesetzte im Unternehmen weiterentwickeln, sondern das auch auf die Rolle des Bürgers, der Bürgerin ausdehnen. Es ist daher zu erwarten, dass SeitenWechsler sich auch vermehrt für andere Fragen des Gemeinwesens interessieren werden. Die Aussagen an den Auswertungsveranstaltungen und eine Umfrage bei 200 SeitenWechslerInnen im Jahre 2002 bestätigen diese Annahme in eindrücklicher Weise. Mehr als die Hälfte der Befragten nennen auf die Frage, wie sich der SeitenWechsel bei ihnen ausgewirkt habe, eine Sensibilisierung für die gesellschaftlichen Zusammenhänge und eine Motivation, sich verstärkt sozial zu engagieren. Auf diese Weise erzeugt SeitenWechsel als Programm von und für Unternehmen», nicht nur die Fähigkeit «Soziale Verantwortung im Unternehmen», sondern auch ein größeres Engagement für die Gemeinwesen.

Aus der Sicht der beteiligten Unternehmen werden damit die gleichen Effekte geschaffen, wie sie auch in Corporate Volunteering gewollt erreicht werden sollen.

Das scheint auch einer der Gründe zu sein, weshalb der Seiten-

Wechsel in der interessierten Diskussion immer wieder als ein Programm des corporate volunteering gesehen wird, ungeachtet seiner intentionalen Ausrichtung.

Zeitenwende und was ist da zu feiern?

Monika Stocker, Stadträtin und Vorsteherin Sozialdepartement der Stadt Zürich, Projektleiterin SeitenWechsel der ersten Stunde

Es war am Ende der Achtzigerjahre. Als die Staaten im Osten zusammenbrachen und auch in der Schweiz vieles, was so selbstverständlich schien wie die Schweizer Armee, zur Disposition gestellt wurde. Zwar feierte man 1989 noch die Diamantfeier, das 50-Jahr-Jubiläum der Kriegsmobilmachung, aber niemand konnte mehr so richtig festhalten, was denn nun 1991 zu feiern sei und wie. Klar, es galt eine 700-Jahr-Feier zu gestalten, aber weder war eine CH 91, eine nationale Ausstellung, zustande gekommen, noch wusste man so recht, wie denn nun wirklich Umbruch und Beständigkeit, Feier und Besinnlichkeit, Eidgenossenschaft und Diversität in allen Lebensverständnissen darzustellen seien.

Ich war Mitglied des Nationalrates. Als es darum ging, die Gestaltung der 700-Jahr-Feier einer nationalrätlichen Kommission zu übertragen, war in der Grünen Fraktion niemand begeistert. Ich meldete mich; wenn schon, dann mitbestimmen. Ich brachte in der Kommission den Antrag an, eine Jugend-, eine Alters- und eine Frauensession abzuhalten, damit auch jene Bevölkerungsteile einmal im Bundesparlament das Sagen hätten, die während 700 Jahren eigentlich wenig gefragt wurden und wenig zu bestimmen hatten. Die Jugend- und die Alterssession wurden von Kollegen aus der Kommission übernommen, und die Planung nahm ihren Lauf. Mit der Frauensession tat man sich schon schwerer, schließlich konnte auch sie geplant und durchgeführt werden.

In der entsprechenden Subkommission, die ich präsidierte, wollten wir aber etwas gestalten, das über das Jahr 91 hinausging: auch wenn 91 gleich das 20-jährige Stimm- und Wahlrecht und das 10-jährige Gleichstellungsgesetz mitjubilieren durften, so wollten wir Frauen uns nicht einfach rückwärts gewandt orientieren, sondern in die Zukunft. Frauen öffnen die Schweiz – so hiess eine Aktion, mit dem wir Frauen in allen Landesteilen zu aktivem Gestalten der Zukunft mit Tagungen, Begegnungen, Resolutionen und Debatten animierten. Frauen akzeptierten den Zeitenumbruch einfacher als normale Entwicklung, sie freuten sich über Erreichtes, wollten die Zukunft annehmen und in ihr einen Platz haben.

Begegnung? Reicht das?

In der Kommission ging ein weiterer Antrag von FDP-Nationalrat Kurt Müller aus Zürich ein, eine Aktion der Begegnung 91 zu machen; Landesteile, Generationen, Auszubildende sollten sich in Begegnungswochen, -tagungen und Austauschveranstaltungen kennen lernen, verstehen auch, das Gemeinsame finden.

Mit meinem beruflichen Hintergrund, aber auch aus gesellschaftspolitischen Überlegungen war es für mich selbstverständlich, auch darauf zu pochen, dass sich nicht nur jene begegnen, die sich immer begegnen, so quasi die offizielle Schweiz von hier mit der offiziellen Schweiz von dort. Ich schlug vor, beruflich getrennte Welten einander näher zu bringen: Begegnungen «wie sonst selten im beruflichen Alltag», könnten zum Verständnis beitragen für Menschen, die eben nicht zum Sonntagsbild der Schweiz gehörten. Man nahm die Idee auf; vielleicht auch einfach froh, dass im Lauf der Beratungen doch ein Strauss von Ideen zusammenkam, der schliesslich die Verlegenheit der Jubiläumsfeier überwinden und so etwas wie Interesse und Freude aufkommen liess.

Die eben gegründete Aktion Begegnung 91 beauftragte Hansueli Glarner mit der Geschäftsleitung. Glarner verstand schnell, dass meine Idee viele Möglichkeiten bietet, aber nicht ganz so elegant zu bewerkstelligen war. Er gab mir und den Mitgliedern einer Arbeitsgruppe, die ich eilig unter dem Dach der LAKO, Sozialforum Schweiz, aus verschiedenen Trägerschaften des Sozialwesens zusammengetrommelt hatte, jede denkbare Unterstützung. Es konnte gestartet werden.

Getrennte Welten – Lernwelten

Im schweizerischen Sozialwesen gibt es Hunderte von einzelnen Organisationen, die sich mit sozialen Fragen befassen; allen gemeinsam ist, dass sie Aufgaben, Probleme von Menschen angehen, die diese selbst nicht einfach anpacken und bewältigen können. Es ist also eine Branche, in der Defizite, Mankos, Sorgen, Probleme Gegenstand der Arbeit sind. Die Fachleute, engagierte Verwaltungsleute und die Betroffenen verstehen ihre Aufgabe in der Regel darin, Geld zu sammeln, es korrekt zu verteilen, Sachmittel zu beschaffen, Einrichtungen aufzubauen und zur Verfügung zu stellen und zu helfen. Das ist seit Jahrhunderten so und richtig. Dass diese Institutionen selbst etwas zu bieten hätten für Dritte, ein Angebot formulieren könnten, ein Weiterbildungsangebot, das war ein sehr fremder Gedanke.

Mein Gang zu vier Grossfirmen, um für «unsere» Weiterbildung zu werben, war kein einfacher. Ich wurde wohl nur empfangen, weil ich Nationalrätin war und dank politischer Kolleginnen und Kollegen aus den Verwaltungsräten je einen Türöffner bekam. Ich wollte möglichst in der obersten Etage der Personalabteilung, in der Personalentwicklung, gehört werden. Die Gespräche waren freundlich, man war interessiert, aber auch – das sagte die Mimik eher als die Worte – ein wenig geniert. Absagen konnte man ja nicht, wenn ein Verwaltungsrat befohlen hatte, Monika Stocker zu empfangen. Aber fremd, das war und blieb die Idee. War man doch in Verhandlungen an Verkäufer von Managementprogrammen und Assessments ganz anderer Art gewohnt.

Schließlich gelang es, wohl eher unter dem Druck des Jubiläumsjahres 1991 über 60 Männer und Frauen zu Einsätzen in sozialen Organisationen zu gewinnen. Vorbereitung, Begleitung und Öffentlichkeitsarbeit rundherum mussten organisiert und durchgeführt werden, Medien berichteten nett, aber ziemlich unengagiert.

Der Aufhänger Jubiläumsjahr war wohl geeignet, einen sanften Zwang auszuüben, etwas offiziell anderes in die Weiterbildungsprogramme der Firmen hineinzutragen. Ich glaube, ohne diesen offiziellen Anlass wäre es fast unmöglich gewesen, die beiden Welten zusammenzubringen und darin einen Lerneffekt, einen Gewinn für die berufliche wie für die persönliche Kompetenz, zu erfahren. Unvergessen sind aber die Erlebnisberichte der Teilnehmerinnen und Teilnehmer nach der Einsatzwoche:

– Ein Banker erzählt von seinem Aufenthalt in einer Empfangsstelle für Asylsuchende, seiner Irritation, seiner Scham, wie wir offiziell mit diesen Menschen umgehen, wie er selbst desorientiert ist, weil er eine Nummer geworden ist.

– Ein Verwaltungsangestellter berichtet über seine erste zögerliche Begegnung mit einem Drogensüchtigen in der Gassenküche, welche Angst er ausgestanden habe, nicht gewusst habe, was er denn sagen sollte, und über die Erfahrung: Das könnte auch mein Sohn sein, der ist ja ganz gewöhnlich, normal.

– Ein Verkaufsleiter berichtet von seiner Entmutigung, wenn er Dutzende von Telefonen macht, um für einen Strafentlassenen eine Wohnung zu finden. Er, der doch alle Gesprächstechniken kennt, der erfolgreich Abschlüsse am Telefon tätigt, der seine Gesprächspartner nie leichtfertig überfährt, muss zu allen erdenklichen Tricks und zu herzzerreißenden Gesprächselementen greifen, um endlich ein kleines Erfolgserlebnis zu haben – Lernwelten.

Einmalig oder mit Fortsetzung?

Die Auswertung der Einsätze 1991 zeigte: Es hat sich gelohnt. Deutlich wurde aber auch, dass ein zögerlicher, ein fast noch brüchiger Ansatz ein starkes Korsett brauchte, wenn er Zukunft haben sollte. Die Aktion Begegnung 91 konzentrierte sich nach 1991 für zehn Jahre auf Begegnungsprojekte, die von Organisationen und Gruppen eingereicht werden konnten, und finanzierte Wettbewerbsbeiträge. Für das Lernfeld «Freiwilligenarbeit» brauchte es mehr. Die Schweizerische Gemeinnützige Gesellschaft war bereit, das Projekt zu adoptieren und im Rahmen ihrer Strukturen weiterzuführen. Das war ein wesentlicher Schritt hin zum SeitenWechsel.

SeitenWechsel – eine widerständige Erfolgsgeschichte

In nur zehn Jahren – und zwar in Jahren, wo Wirtschaft und Staat erhebliche Umbrüche, Restrukturierungen und in vielem auch Umwertungen durchstehen mussten – steht heute das Label Seiten-Wechsel für ein innovatives Weiterbildungsprojekt für Kaderleute. Medien berichten, es entsteht jetzt eine erste Geschichte. Seiten-Wechsel stand und steht ja im Gegenwind zu den Trends der heutigen Zeit und ist doch ein Erfolg geworden.

Ich kann nicht sagen, wann und wo und wie mir die Idee des SeitenWechsels zugeflogen ist; sie ist in vielem begründet. Ich versuche eine Skizze in drei Punkten:

Erstens. Ich bin leidenschaftlich engagiert mit Menschen, ob im Beruf als Sozialarbeiterin, damals im eigenen Unternehmen, oder heute als Sozialvorsteherin, beziehe meine Energie und meine Erschöpfung, meine Erfüllung und mein Wirken in der Spannung und der Fülle von Erfahrungen, die Begegnungen eben bringen. Ich glaube daran, dass uns auch gegensätzliche Welten, vielleicht sogar besonders diese, weiterbringen, dass Leben ermöglichen für sich und andere und – ob in Wirtschaft oder eben Non-Profit-Organisationen – die Prozesse unter und zwischen den Menschen der entscheidende Erfolgsfaktor sind, damit Wirkung geschieht.

Zweitens. Ich glaube daran, dass Werte wie sie in den Menschenrechten formuliert wurden, unabdingbar sind, damit unsere Welt eine Zukunft hat. Dem setze ich eine Art Menschenpflichten gleich. Gegenseitigkeit, wo es um Beziehungen zwischen Generationen, Geschlechtern, Geschäftspartnern, Parteien, Nationen geht, scheint mir das einzige zukunftsgestaltende Prinzip zu sein, das trägt. Auch wenn Beliebigkeit, Egoismus, Handelsschranken und Ausbeutung scheinbar das gängige Muster sind, so macht SeitenWechsel und sein Erfolg Mut und gibt etwas Widerständigem Raum.

Drittens. Auch eine Vision braucht ein Management, braucht Strukturen, gesteuerte und begleitete Prozesse, ebenso viel Raum für Unvorhergesehenes und Kreativität, Innovation und ohne Zweifel auch Geld. Vor allem aber braucht sie Menschen, die sich anstecken lassen, die etwas wagen, auch wenn noch kein Meilensteinplan besteht, die Chancen wollen, auch wenn sie Risiken sehen.

Dass der SeitenWechsel immer begleitet war von Menschen, die mehr wollen als ein *daily business*, die andere als die bekannten Phasen suchen, die Lust auf Abenteuer haben, war seine Chance, und es war für mich ein ungeheures Glück, dass ich Menschen anrufen und einladen und gewinnen konnte und dass ich schliesslich bei der Wahl in den Stadtrat einfach getrost das ganze Projekt abgeben konnte, ein Geschenk. Ich bin dankbar für die Erfahrung, dass die erste Idee, die noch vage Vision, der erste einsame Weg nach und nach Gestalt annimmt, gross und tüchtig wird, selbstverständlich – ein Wunder.

Zurück in die Zukunft – etwas zu feiern

Es war die 700-Jahr-Feier der Eidgenossenschaft, die an der Wiege des SeitenWechsels stand, der heute als ein zukunftsweisendes Lern- und Weiterbildungsangebot mit beachtlichem Renommee gilt. Ich will diese Realität sicher nicht überstrapazieren. Ich wünsche mir jedoch, sie möge für die Gesellschaft des 21. Jahrhunderts ein Symbol sein. Die Werte, die die Eidgenossenschaft bei allen Hochs und Tiefs durch Jahrhunderte geleitet haben, waren schwer zu vermitteln in der Umbruchzeit der Jahrzehntenwende der Achtziger- zu den Neunzigerjahren. Die Neunzigerjahre haben sozial Wunden hinterlassen und Aufmerksamkeiten gesetzt, die es eigentlich im neuen Jahrhundert zu beachten gilt.

Die Werte der gegenseitigen Achtung, der menschlichen Würde, des gegenseitigen Engagements auch über die gesetzten Grenzen hinweg und die Begegnungen von vorerst Fremden sind die Wegmarken auch für das dritte Jahrtausend!

Fünf Thesen zur gesellschaftlichen Entwicklung

Meine bereits 1992 im Forumsmagazin der LAKO / Sozialforum Schweiz formulierten, damals noch ketzerischen Thesen haben auch heute und in Zukunft ihre Gültigkeit:

1. Teilnehmen ist anspruchsvoll

In einer Welt, wo Coolness, also Teilnahmslosigkeit, als Teil der «weltmännischen» Kultur zelebriert wird, besteht die Gefahr, dass Projektionen auf Störfälle zu heftigen Überfällen führen können. Wenn heute lautstark an den Rassismus die Lunte gelegt wird, so doch nicht zuletzt deshalb, weil so wenigstens wieder «klare Verhältnisse» entstehen. Wer kann es schon aushalten, die Verelendung der

Dritten Welt wirklich wahrzunehmen und die Welt als vernetztes System zu sehen, in dem auch wir unseren Anteil haben? Teil-nehmen, teil-haben, das ist zu anspruchsvoll. Gerade dies aber haben wir in unserem Projekt versucht.

2. Nachdenken heißt auch Frustrationen aushalten

Wenn uns heute Drogenabhängige in ihrer Verelendung derart auf die Nerven gehen, dann könnte das auch Ausdruck der spürbaren Verelendung in uns allen sein. Wir leben in einer Kultur, wo Konsum, und zwar subito und störungsfrei, oberste Devise ist. Könnte es sein, dass, wer letztlich die Drogenabhängigen wegschaffen will, es schlecht aushält, nachzudenken? Nachzudenken darüber, dass eine gesättigte Gesellschaft, die sich selbst zum ewigen Wachstum verurteilt hat, eben gerade solche Süchtigen als «Extremfälle» braucht? Nachzudenken darüber, dass in unserer Gesellschaft permanent an die Mütterlichkeit und an die heilige Familie appelliert und so geradezu programmiert wird, jede Frustration von den Kindern fernzuhalten? Wenn aber dadurch frustrationsunfähige Jugendliche heranwachsen, die mit Drogen jederzeit alle unliebsamen Gefühle wegstecken wollen, so sind gerade wieder die Mütter und Väter «schuld».

3. Anteil nehmen könnte eine Unternehmensstrategie sein

Wenn heute grosse Dienstleistungsunternehmen spüren, dass sie ihren Mitarbeiterinnen und Mitarbeitern mehr bieten müssen als einen Tennisplatz, Fitnesszentren und einen guten Lohn, so erarbeiten sie eine neue «Unternehmenskultur». Sie formulieren damit Normen und setzen Werte. Könnte es nicht gerade im Hinblick auf den Austausch von Normen und Werten eine Herausforderung sein, dass deklariert wird: Die gesellschaftliche Situation geht uns etwas an? Wir erforschen und evaluieren Kundschaft nicht einfach, um unser Marktsegment zu vergrössern, sondern um An-Teil zu nehmen und An-Teil zu geben. Muss diese Idee absurd bleiben?

4. Zeit haben und Zeit geben sind auch Unternehmenswerte

Großmäuligkeit und schnelles Tempo scheinen die zügigen Ziele zu sein. Dagegen nehmen sich Zeithaben und Zeitgeben, sich einlassen auf Menschen, ihre komplizierte und schwierige Lebenssituation, furchtbar altmodisch aus. Lächelnd mag man sich an den Kleinen Prinzen erinnern und sich mit seiner Norm «On est responsable de ce qu'on a apprivoisé» ins Reich der Märchen verweisen lassen. Wer aber im Leben irgendeinmal berührt worden ist von der Erfahrung, dass eigentlich vieles sehr vergänglich ist und nur weniges wirklich zählt, der oder die erhielte natürlich in solchen Begegnungen eine Lebensschule, wie sie sonst nur für teures (Schmerzens-)Geld zu erfahren ist. Auch das könnte eine Dienstleistung sein, die Arbeitgeber für ihre Mitarbeitenden verwirklichen wollen.

5. Menschenrechte erfordern auch Menschenpflichten

Angenommen, meine Wahrnehmung hat etwas Richtiges, dann gehen wir auf eine Zeit zu, in der die Menschenrechte immer wichtiger werden. Ich bin einverstanden damit und nicht bereit – um welchen Preis auch immer –, hinter sie zurückzugehen. Aber, und damit stößt man an: Ich bin auch für Menschenpflichten. Ich bin überzeugt, dass heute noch immer zu viele Sozialpflichten zu einseitig auf Frauen lasten, die jedoch zu wenig mit Sozialrechten ausgestattet sind – real und nicht auf dem Papier. Andererseits haben zu viele Männer sehr viele Sozialrechte, ohne je das entsprechende Quantum Sozialpflichten übernehmen zu müssen. Ob hier ein neuer Gesellschaftsvertrag oder ein neuer Geschlechtervertrag – das neue Eherecht meint dies so – nicht ein wichtiger Schritt auf eine lebbare, friedliche und gerechte Zukunft hin wären?

SeitenWechsel – ein Schritt in die Zukunft

Der SeitenWechsel bietet Sozialpflichten als Lernfeld an, fordert sie gleichzeitig ein. Er schärft die Augen für die Sozialrechte und zeigt aber auch auf, wie schwer, hart und steinig es sein kann, ihnen mit der Einlösung von Sozialpflichten zum Durchbruch zu verhelfen. Wir brauchen diese Perspektivenwechsel. Eine zukunftsweisende Idee, ein zukunftweisendes Modell für einen neuen «Contract social» im dritten Jahrtausend.

Von den Anfängen bis heute

Lucie Hauser, Geschäftsleiterin SeitenWechsel

Seit Juni 1994 führe ich mit meiner Firma, dem ProjekTATelier, im Auftrag der Schweizerischen Gemeinnützigen Gesellschaft die Geschäftsstelle von SeitenWechsel. Ich fühle mich sehr privilegiert, dass ich dieses Projekt zu einem Programm entwickeln durfte, deckt sich doch dessen Grundidee mit meiner Überzeugung, dass Lernen von sozialen Kompetenzen durch die Konfrontation und Erfahrung mit unbekannten Lebens- und Arbeitswelten gefördert werden kann, sofern die Bereitschaft vorhanden ist, sich auf fremde Situationen und Menschen einzulassen und eigene Wertvorstellungen und Weltbilder zu hinterfragen. SeitenWechsel ist mehr als ein Weiterbildungsprogramm für Kaderleute der Wirtschaft. Das Verbinden der beiden Welten – Wirtschaft und Sozialbereich – führt zu einer breiteren Abstützung sozialer Verantwortung und zu einem gegenseitigen Abbau von Vorurteilen.

Lange Aufbauphase

Die ersten drei Jahre meiner Tätigkeit als Geschäftsleiterin von SeitenWechsel waren geprägt von einer fruchtbaren Zusammenarbeit mit der Projektleiterin Karin Mercier, die am 21. März 1998 verstorben ist. Ich erinnere mich gerne an diese Aufbaujahre zurück, wurden doch dort die Spuren für den heutigen Bekanntheitsgrad gelegt.

Im Rückblick würde ich die wichtigsten Erfolgsfaktoren wie folgt benennen: Unsere Überzeugung vom Nutzen dieser besonderen Art der Weiterbildung, unsere ausgezeichnete Zusammenarbeit mit der Delegierten der SGG, Ursula Iselin, das breite Beziehungsnetz, das uns ermöglichte, wichtige Fäden zu knüpfen, und nicht zuletzt die großartige Unterstützung der Schweizerischen Gemeinnützigen Gesellschaft und der Kommission, durch die wir uns sehr getragen fühlten. Nach dem viel zu frühen Tod von Karin Mercier wurden alle Aufgaben mir übertragen. Zusammen mit einer Mitarbeiterin für die Administration und der äußerst kompetenten und engagierten Kommission, ernannt von der SGG, durfte ich in den letzten Jahren SeitenWechsel weiter ausbauen und entwickeln.

Erste Erfahrungen und Erfolge

Um die Projektidee umzusetzen, benötigten wir auf der einen Seite Firmenkunden, die bereit waren, SeitenWechsel in ihre Weiterbildung für das obere Kader zu integrieren und auf der anderen Seite soziale Institutionen, die ihre Lernangebote bei uns einreichten. Letztere zu akquirieren war viel einfacher, als Unternehmen davon zu überzeugen, dass diese neue Form der Weiterbildung ihrer Firmenkultur einen Nutzen bringen wird. Erschwerend hinzu kamen die Rezession und die vielen Umstrukturierungen mit neuen Anforderungen an das Management. Zwar stießen wir bei unseren Akquisitionsbemühungen von Anfang an auf ein breites Interesse (alle waren sie davon überzeugt, dass soziale Kompetenz eine wichtige Voraussetzung für den langfristigen Erfolg eines Unternehmens ist), aber dabei blieb es denn auch bis 1995. Am 28. April 1995 konnten wir unseren Durchbruch feiern. Unser erster Kunde war der Schweizerische Bankverein, der 17 Mitarbeitenden des oberen Kaders einen SeitenWechsel ermöglichte. Die Rückmeldungen der Teilnehmenden ließen uns aufhorchen. Wir hörten Aussagen wie

– «Neben meiner Heirat und der Geburt meines Kindes war SeitenWechsel für mich das drittwichtigste Ereignis in meinem Leben», oder

– «SeitenWechsel war die beste Weiterbildung, die ich je gemacht habe, und hat meine eigenen Probleme stark relativiert.»

Diese konkrete Erfahrung ermöglichte uns, mit ersten Evaluationsergebnissen an die Öffentlichkeit zu treten. Von da an ging es schrittweise aufwärts. In den letzten Jahren haben immer mehr Firmen SeitenWechsel in ihr Weiterbildungsprogramm für das Kader integriert: Banken, Versicherungen, verschiedene Detailhandelsfirmen, Beratungs-, Industrie- und Dienstleistungsunternehmen oder Kantonale und Eidgenössische Verwaltungen. Im August 2002 konnten wir den tausendsten SeitenWechsler feiern.

160 soziale Institutionen in allen Sprachregionen

Das Wachstum auf der Wirtschaftsseite bedingt natürlich auch ein Wachstum auf der sozialen Seite. Da die Unternehmen in allen Sprachregionen der Schweiz tätig sind, benötigen wir auch Lernangebote von sozialen Institutionen aus allen Kantonen. Unser Ziel ist es, jedem SeitenWechsler und jeder SeitenWechslerin in der Nähe des Wohn- bzw. Arbeitsortes eine geeignete Institution anzubieten. Dies ist umso wichtiger, da ein Großteil der Führungskräfte nach der Einsatzwoche den Kontakt zur Institution aufrechterhält.

Inzwischen machen um die 160 soziale Institutionen bei SeitenWechsel mit. Eine unserer Aufnahmebedingungen ist, dass während der Einsatzwoche der Kontakt zu den Klientinnen und Klienten der Institutionen gewährleistet ist und im praktischen Alltag mitgearbeitet werden kann.

Die Institutionen setzen sich aus folgenden Bereichen des Sozial- und Gesundheitswesens zusammen:

- Alters- und Pflegeheime,
- Asyl- und Durchgangszentren,
- Behinderteneinrichtungen,
- Drogenentzugsstationen und -ambulatorien,
- Frauenhäuser,
- Gassenküchen und Gassenarbeit,

- Gefängnisse und ambulante Gefangenenbetreuung,
- Kinder- und Jugendheime,
- Psychiatrische Kliniken,
- Rehabilitationszentren,
- Sozialpsychiatrische Einrichtungen,
- Suchtkliniken.

Auch soziale Institutionen wollen die Seite wechseln

Dass viele dieser sozialen Institutionen seit Jahren bei SeitenWechsel mitmachen, ist für uns nicht selbstverständlich, denn auch sie müssen sich den Herausforderungen der Rezession stellen. Je länger, je mehr leiden sie unter Personalknappheit. Die Begleitung der SeitenWechselnden beansprucht sie zeitmäßig zusätzlich, aber der Nutzen, den sie durch die Begegnungen erreichen, wie Imagegewinn, wertvolle Kontakte mit Menschen aus einer anderen Arbeitswelt sowie Verständnis und Anerkennung für ihre Arbeit, fällt für sie stärker ins Gewicht als der Aufwand.

Der größte Gewinn für sie ist jedoch, wenn sie selber einen SeitenWechsel in die Wirtschaft machen können. Dieses Angebot haben wir nun fest in unser Programm aufgenommen. Jährlich findet für die Mitarbeiterinnen und Mitarbeiter aus dem Sozialbereich eine Marktbörse mit spannenden Lernangeboten unserer verschiedenen Firmenkunden statt. Mit diesem Zusatzprogramm ist es uns gelungen, ein Gleichgewicht von Geben und Nehmen herzustellen, den gegenseitigen Austausch von Erfahrungswissen zu fördern und Verständigungsbarrieren abzubauen. Das Zustandekommen des Seiten-Wechsels in die Wirtschaft bedeutet für mich eine der wichtigsten Stationen der bisherigen Erfolgsgeschichte SeitenWechsel.

TransFaire in der Romandie

Einen weiteren wichtigen Ausbauschritt konnten wir 2002 mit der Eröffnung einer Zweigstelle in der Romandie realisieren. Viele SeitenWechslerInnen stammen aus der französischen Schweiz. Deshalb benötigen wir immer mehr Institutionen aus dieser Region, und unser Ziel ist es auch, weitere Firmenkunden aus der Westschweiz dazuzugewinnen.

Die Projektleiterin Claire-Lise Gilliéron führt das Programm unter dem Namen TransFaire in der französischen Schweiz seit Sommer 2002, und dies bereits mit ersten Erfolgen.

Verstärkung in der Zentrale

Auch ich brauchte Verstärkung für die Bewältigung des immer grösser werdenden Aufgabenpaketes. Seit dem 1. Januar 2003 arbeitet nun als zusätzliche Projektleiterin Ursula Meier bei SeitenWechsel im ProjekTATelier mit. Ich schätze mich glücklich, mit zwei so hoch qualifizierten und motivierten Fachfrauen den SeitenWechsel weiterentwickeln zu dürfen.

SeitenWechsel hinterlässt Spuren

Wachstum beflügelt, vor allem wenn die Balance zwischen Quantität und Qualität gewährleistet werden kann. Mein Engagement für diese Arbeit nährt sich jedoch nicht zuletzt aus den durchwegs positiven und beeindruckenden Rückmeldungen von Teilnehmenden bei den Auswertungsseminaren. Bei diesen Workshops geht es um die Verarbeitung der gemachten Erfahrungen und um die Reflexion, wie diese in ihrem Alltag weiterwirken und umgesetzt werden können. Die Aussagen, die ich da zu hören bekomme, zeigen, dass die Erlebnisse den Wirtschaftsleuten unter die Haut gehen und Spuren hinterlassen.

Viele SeitenWechslerInnen stellen sich nach der Einsatzwoche vermehrt Sinnfragen wie: «Arbeite ich, um zu leben, oder lebe ich, um zu arbeiten?» Andere nehmen sich vor, den Faktor Zeit qualitativ und quantitativ vermehrt zu überprüfen. In welcher Institution sie auch waren, sie können sich neben den emotionalen Erfahrungen soziales Wissen aneignen. So gewinnen sie neue Erkenntnisse über Ursachen von psychischen oder Suchterkrankungen, von der zunehmenden Verarmung einer immer breiter werdenden Bevölkerungsschicht oder von Kinderschicksalen und Jugendproblemen, und sie lernen verschiedene Lösungsansätze kennen.

Das Wichtigste ist jedoch, dass diese Erfahrung Prozesse und Denkanstöße auslöst. Folgende Aussagen weisen darauf hin, dass SeitenWechsel eine nachhaltige Wirkung hinterlässt: «Ich will in Zukunft auch im Geschäft meine Mitarbeiter nicht nur als Fachkräfte, sondern als Menschen wahrnehmen; dann stimmt auch ihre Leistung, weil ich sie in ihrer ganzen Persönlichkeit mit ihren Ressourcen und Schwächen respektiere» oder «Besser zuhören, mehr Gespräche führen mit Mitarbeitenden, das ist für mich die wichtigste Erkenntnis, die ich mitnehme». Das geht bis hin zum Vorsatz, Verhaltensmuster am Arbeitsort zu überprüfen, zum Beispiel unangenehme Dinge anzusprechen und anzupacken, mit Vorurteilen aufzuräumen und die Teamarbeit zu fördern.

Der ins Wasser geworfene Stein schlägt Wellen

Ursula Meier, Projektleiterin im ProjektAtelier, Zürich

Die Grundidee des SeitenWechsels ist so einfach und überzeugend, dass sie bestimmt schon andere hatten und an verschiedenen Orten ähnliche Projekte durchgeführt werden. Ob es sich dabei um Nachahmerprojekte oder eigenständige Initiativen handelt, sei dahingestellt. Im Rahmen der übergeordneten Zielsetzung – einen Beitrag zu einer besseren Gesellschaft zu leisten – ist jede Initiative zu begrüßen und Konkurrenzdenken fehl am Platz. Trotzdem kann der SeitenWechsel eine Originalität und Urheberschaft für sich in Anspruch nehmen. Um diese Eigenart und die enormen Investitionen, die geleistet wurden, vor Verwässerung und billigen Nachahmern zu schützen, wurde der Name «SeitenWechsel» urheberrechtlich geschützt. Die ausdauernde Aufbauarbeit und der hartnäckige Glaube an das lohnende Ziel haben zu einer einmaligen Publizität und Präsenz in den Medien geführt und SeitenWechsel zum Modell und Anstoß für ähnliche Ansätze des Erfahrungslernens gemacht.

Gründe für den anhaltenden Erfolg sind neben der professionellen Projektarbeit bestimmt in den aktuellen Trends der Managemententwicklung zu finden. Auf der inhaltlichen Ebene sind soziale Kompetenz und Sinnfragen zu zentralen Themen der Führungskräfteentwicklung geworden. Im didaktisch-methodischen Bereich hat sich der Ansatz des Erfahrungslernens als wirksame Form zur Förderung von so genannt «weichen Faktoren» erwiesen. Der SeitenWechsel verbindet diese beiden Elemente in idealer Weise. Die «etwas andere Art des Lernens» findet Anklang und überzeugt. Allerdings muss immer wieder darauf hingewiesen werden, dass einige Rahmenbedingungen eingehalten werden müssen, um von einem ernst gemeinten Lernprogramm sprechen zu können. Und da unterscheidet sich der SeitenWechsel von vielen ähnlich erscheinenden

Angeboten. Der Beitrag «SeitenWechsel: Lernen von und mit den andern» auf Seite 66 geht auf diese Merkmale ein. Der Hauptunterschied zeigt sich immer wieder im Selbstverständnis und in der Zielsetzung: Steht das Lernen in anderen Kontexten im Vordergrund, oder ist es ein Solidaritätsprojekt im Bereich Corporate Volunteering?

Konkurrenz belebt

Auch wenn die verschiedenen Anbieter, die Produkte mit einer ähnlichen Grundidee auf den Markt bringen, sich nicht als direkte Konkurrenten verstehen, fordern sie zum Vergleich heraus: «Wo unterscheiden wir uns von den andern Angeboten? Wie können wir die speziellen Merkmale, die unser Produkt ausmachen, noch besser hervorheben?» Diese Vergleiche führen zu einer stetigen Verbesserung der Form und der Inhalte. Einige Beispiele von Projekten und Organisationen, die im Bereich «soziales Lernen» aktiv sind, seien hier kurz vorgestellt. Weitere Angaben finden sich im Buch «Corporate Volunteering» (siehe Anmerkung S. 23).

«Switch» bei Siemens

Das nächstliegende Produkt «Switch» versteht sich als ein «take-off» für bürgerliches Engagement. Das Projekt wird getragen von der Siemens AG München zusammen mit dem Sozialreferat der Landeshauptstadt München und startete erstmals 1999 mit vier Führungskräften. Switch basiert auf den Erfahrungen des sozialen Lernens in der anglosächsischen und amerikanischen Kultur und erklärt, dass es sich um ein umfassendes Konzept zum Thema des «Corporate Social Responsibility» handelt, dessen integraler Bestandteil ein Wissenserwerb durch Tätigkeitswechsel ist. Gleichrangig verfolgt es

ein weiteres Ziel, nämlich ein langfristiges bürgerschaftliches Engagement der Firmenmitarbeiter zu initiieren und zu fördern. Es werden in diesem Projekt verschiedene weitgefasste Ziele gleichzeitig
verfolgt.

Die nicht einfache Aufgabe des Verbindens von individuellen
Lernzielen und einem gesellschaftlichen Anliegen wie «soziale Verantwortung von Unternehmen» machen den Einstieg für alle Beteiligten nicht leicht. Die soziale Verantwortung von Unternehmen ist
sicherlich in politischer und wirtschaftlicher Sicht eine Notwendig-
keit, wird aber als ambivalentes Verhalten von vielen Führungskräften wahrgenommen. Die Auseinandersetzung zu diesem Thema
muss als nachhaltige Lernerfahrung in den Transferansätzen in der
unternehmensinternen Umsetzung realisiert werden. Nichtsdesto-
trotz soll Switch als lobenswertes Aufnehmen des Gesamtthemabe-
reiches im positiven Sinn vermerkt werden, wobei heute mit der Zu-
gänglichkeit des SeitenWechsel-Programmes in Deutschland die
Fokussierung auf das reine Corporate-Social-Responsibility-Thema
möglich und sinnvoll wäre. Bis anhin hat Switch auch in Deutschland keine allzu große Verbreitung erlebt.

Q.U.E.S.T.O.

Ein weiteres Projekt, das auf einer ähnlichen Grundidee wie Seiten-
Wechsel aufbaut, ist Q.U.E.S.T.O. Es handelt sich um eine Lern-
plattform im sozialen/therapeutischen Umfeld für Wirtschafts-
manager. Q.U.E.S.T.O spezialisiert sich auf Einsätze in der
Betreuung von Kindern und bewegt sich damit in einem Teilfeld des
Lernangebots des SeitenWechsels. Ein wesentlicher Unterschied
zum SeitenWechsel besteht darin, daß in einem 4-Tages-Seminar die
Grundlagen gelegt werden, die dann in einem Projekteinsatz mit
Kindern angewandt werden.

Viele andere Beispiele, wie das Corporate-Volunteering-Projekt der Caritas Schweiz, firmen-interne Aktionen wie der «Novartis-Tag» oder die Aktion «Herzklopfen» in der ABB oder die Aktivitäten von Organisationen wie «Philias», ähneln auf den ersten Blick dem SeitenWechsel, sind aber eindeutig dem Gebiet «Corporate Volunteering» oder «Corporate Social Responsibility» zuzuordnen.

«VerBUNDen Zug» – eine orginelle Umsetzung des Themas SeitenWechsel

Auch wenn beim SeitenWechsel sorgfältig darauf geachtet wird, dass die Rahmenbedingungen, die als Qualitätsfaktoren erkannt wurden, eingehalten werden, entwickeln sich immer wieder Formen, die die Grundidee kreativ variieren.

VerBUNDen ist ein öffentliches Projekt des Schweizer Kantons Zug, das anlässlich des Jubiläums der 650 Jahre Zugehörigkeit des Kantons zum Bund der Eidgenossen entworfen wurde und inhaltlich den Themenschwerpunkt des SeitenWechsels aufnimmt. Inmitten der Vorbereitungen der Jubiläumsprojekte traf den Kanton das Attentat vom September 2001. Die Verletzlichkeit von Menschen und der Gesellschaft trat unvermittelt zutage und erzeugte eine Welle von Solidarität über alle Grenzen. Auf dieser Stärkung der Solidarität baute der Zuger SeitenWechsel nachhaltig auf. Im Gegensatz zum SeitenWechsel waren beim Projekt VerBUNDen und seinem SeitenWechsel die teilnehmenden Unternehmungen nicht nur profitorientierte Unternehmungen wie KMUs, Industrie- oder Dienstleistungsunternehmen, sondern auch Verwaltungen und Institutionen von Kantonen und Gemeinden, die diesen SeitenWechsel durch das Jubiläumsprojekt finanziert erhielten. Ebenfalls waren alle Mitarbeiterinnen und Mitarbeiter aufgefordert, einen SeitenWechsel zu machen, und nicht nur Kaderangehörige und Manager.

So war der Zuger SeitenWechsel generell wesentlich breiter gefasst, um grenzüberschreitenden Einblick zu nehmen und Solidaritäten zu entwickeln, denn es waren Wechsel auch in Klöster, Kirchgemeinden, in Werkhöfen, in Wald- und Forstdiensten möglich, aber auch in umgekehrter Weise, so dass Mitarbeitende aus einer Non-Profit-Organisation in eine Firma oder in die Verwaltung gehen konnten. Es war ebenfalls für Männer möglich, sich ausschließlich als Hausmann zu betätigen, um den Frauen ebenfalls einen Seiten-Wechsel in Firmen oder Verwaltung zu ermöglichen. Es konnten Teams wechseln, um eine Schulwoche zu bestreiten, oder eine Fachperson der Wirtschaft konnte in ihrem Fachgebiet einen Beitrag in einer Non-Profit-Organisation erbringen. Das ganze Projekt war bei allen Teilnehmenden und Anbietern lokal auf den Kanton Zug begrenzt, um dem Thema Verbundenheit und Solidarität neben dem Lernthema Sozialkompetenz eine besondere Priorität zu geben.

Es kamen insgesamt 158 SeitenWechsel zwischen Wirtschaft, Verwaltung und Sozialen Institutionen zustande. Interessant ist, dass ein SeitenWechsel-klassisches Muster vorliegt, nämlich der Wechsel von der Wirtschaft in soziale Institutionen. Die Auswertung des Zuger SeitenWechsels erfolgte wiederum unabhängig durch das «cultur prospectiv»-Institut und zeigt in einem Vergleich eindeutig, dass die Wahrnehmung und die daraus entstandenen Botschaften in der Öffentlichkeit äußerst positiv sind. Die Grenzüberschreitungen in andere Bereiche lösten Zäsuren aus, die noch stärker wirken als im SeitenWechsel; es entstand eine Vernetzung, die dem Thema Solidarität Nahrung gab und eine Zuversicht für gemeinsame Anliegen kreierte. Motive für zukünftige Zusammenarbeit sind entstanden, vernetzende Erfahrungen wurden bestärkt. Der Öffentlichkeitsfaktor dieses Projektes geht eindeutig über die oft sehr intimen und persönlichen Erfahrungen der Kaderleute im SeitenWechsel hinaus. Es liegt ein kleineres persönliches Interesse vor, man «kannte sich», und der Zuger SeitenWechsel hatte einen eher überschaubaren Rahmen, der den Themenbereich «Corporate Citizenship» erlebbar und verbindende Stützung zu diesem bürgerschaftlichen Thema realitätsnah fassbar machte.

Mehr als die Hälfte der SeitenWechsler möchte mit ihren Gast-
institutionen weiterhin in Kontakt bleiben. Dieses Projekt zeigt deutlich, dass Austausch und Erleben eindeutig das Interesse festigen,
miteinander im Kontakt zu bleiben. Es liegt also ein Potenzial vor,
das eine klare Botschaft hat, nämlich durch unterstützende Maßnah-
men Austausch zum verbesserten Verständnis und zur vernetzten
Zusammenarbeit zu fördern und zu entwickeln. Menschen aus den
verschiedensten Bereichen der Wirtschaft, Verwaltung und Non-Profit-Organisationen erhalten ein vollständigeres Bild der Realität, aber
auch eine Dialog-Basis, das sozial verantwortliches Handeln der Gesellschaft und des Individuums erlebbar und verständlich machen
kann.

«passagen»: das gleiche Thema in einer andern Form

Aus dem Kreis der SeitenWechslerInnen kam immer wieder der
Wunsch, Veranstaltungen anzubieten, an denen der Kontakt zu andern SeitenWechslerInnen gepflegt werden kann und so der Erinnerungsfunken wieder entzündet wird. Die Verbindung mit dem
Grundthema des SeitenWechsels «Lernen von andern Welten» führte zu einer öffentlichen Gesprächsreihe «passagen». Zwei Persönlichkeiten aus verschiedenen Lebens- und Arbeitswelten treffen sich
und tauschen in einem moderierten öffentlichen Gespräch ihre Gedanken und Erfahrungen zu einem verbindenden Thema aus.

Die «passagen» erfreuen sich einer wachsenden Beliebtheit,
nicht zuletzt durch die interessanten und geistreichen Dialoge zu ge-
sellschaftlichen, politischen, wirtschaftlichen und philosophischen
Themen. Das Gespräch als Botschaft, als Auseinandersetzung,
Teilhaben, aber auch Auseinandersetzung mit Gegensätzlichem,
Verbindendem, mit Unterschieden, Grenzen und Befreiendem, als
Aufeinandertreffen von unterschiedlichen Partnern in diesem Zu-
sammenspiel, schafft einen erweiterten Rahmen und ein Echo in

einer breiten Öffentlichkeit. Der Austausch, das voneinander Lernen in Beziehungen und durch Kontraste, wird in einer losen Form wieder aufgenommen und sensibilisiert für neue Wege im Erfahren.

SeitenWechsel in den Medien und in der Kunst

Der SeitenWechsel hat eine erstaunliche Präsenz in den Medien. Seit den Anfängen des Projekts interessieren sich Journalisten und Medienschaffende für die Ziele und die konkrete Umsetzung des SeitenWechsels. Die Qualität der Veröffentlichungen ist wohlwollend, gleichmäßig und von einem seriösen Tiefgang geprägt. Nicht zuletzt durch die von Schweizer Fernsehen DRS erstellten und ausgestrahlten Dokumentarfilme (vor allem der Film von Matthias von Gunten) über Teilnehmende in ihrer SeitenWechsel-Woche konnten medienmäßig die gesamte Schweiz und die anliegenden Länder erreicht werden. Es gibt kein Ausbildungsangebot, das flächenmäßig und öffentlichkeitswirksam ein solches Interesse erhielt wie die Inhalte des SeitenWechsels.

In einer künstlerisch-kreativen Umsetzung wurde der Seiten-Wechsel bisher nur in Deutschland gewürdigt. Angeregt durch den erfolgreichen SeitenWechsel in der Schweiz beauftragte der Leiter der Landesbühne Nord den Schweizer Schriftsteller Peter Höner, ein Stück über den SeitenWechsel einer jungen aufstrebenden Bankerin zu schreiben und zu inszenieren. Idee und Wunsch des Theaterleiters war, ein Zeichen gegen den Spaß-Trend zu setzen. Realitätstheater über den Führungsalltag, über Hoffnungen und Schattenseiten gab es ja schon mit dem Theaterstück «Top Dogs» von Urs Widmer und Volker Hesse, welches am Theater Neumarkt in Zürich seine Uraufführung und einen anhaltenden Erfolg hatte. Auch wenn das Theaterstück von Peter Höner bis anhin keine weitere Verbreitung mehr fand, dem Publikum in Deutschland wurden der SeitenWechsel und seine Anliegen doch pragmatisch und anschaulich vorgeführt.

Die gesamte Öffentlichkeitsarbeit in Film, Theater, Zeitungsrecherchen und -artikeln sind wichtige Bestandteile in der Verbreitung des SeitenWechsel bei Unternehmen und deren Management. Unternehmen entscheiden auch zugunsten eines Programmes, das eine positive Imagebildung ermöglicht. Dies ist beim SeitenWechsel durch die Resultate der Auswertung nachgewiesen und spiegelt sich insbesondere in den medialen Zeugnissen wider (siehe «SeitenWechsel in den Medien» auf S. 247).

SeitenWechsel in Deutschland – eine Erfolgsgeschichte

Matthias Schwark, Leiter der Patriotischen Gesellschaft von 1765, Hamburg

Die Patriotische Gesellschaft von 1765, Hamburg

In Europa existieren einige gemeinnützige Gesellschaften, die in der Aufklärungszeit entstanden sind. Im republikanischen Stadtstaat Hamburg, der vom Feudaladel verschont blieb, war dies die Patriotische Gesellschaft. Sie wurde 1765 gegründet. Vorbild war die in London einige Jahre zuvor entstandene Royal Society of Manufacturing and Arts, wie es auch der Beiname «Hamburgische Gesellschaft zur Beförderung der Künste und nützlichen Gewerbe» der Patriotischen Gesellschaft von 1765 andeutet.

Von Beginn an hat diese alte Bürgerassoziation und Kaufmannsvereinigung Projekte im Berührungsfeld von Wirtschaft und sozialer Sphäre verwirklicht. So gründete sie die erste Sparkasse in Europa, kümmerte sich um Blitzableiter und die Armenfürsorge, rief einen Vorläufer des Arbeitsamtes ins Leben, gründete diverse Museen und Schulen und wirkt auch heute in ähnlichen Feldern. Themen sind heute zum Beispiel Mikrokreditvergabe, Internet und Demokratie, Stadtentwicklung, Architektur, neben vielen kulturellen Projekten.

Wie kam der SeitenWechsel nach Deutschland?

Zur Schweizerischen Gemeinnützigen Gesellschaft (SGG) bestanden lose Kontakte. Diskussionen um das Thema ehrenamtliches Engagement brachte den Geschäftsleiter der SGG auf den Gedanken, der Patriotischen Gesellschaft von 1765 die Durchführung des SeitenWechsels in Deutschland vorzuschlagen.

Unsere Gesellschaft gab daher zunächst ein Gutachten in Auftrag. Es schätzte die Erfolgschancen in Deutschland vorsichtig optimistisch ein. Das korporatistisch organisierte Wohlfahrtssystem in Deutschland ließ allerdings einige Schwierigkeiten befürchten. Soziale Projekte müssen einem der großen sechs Wohlfahrtsverbände angeschlossen sein. Ein Vertragspartner aus dem Bereich der Verbände würde daher vermutlich die in ihm zusammengeschlossenen sozialen Träger bevorzugen. SeitenWechsel ist aber neutral und orientiert sich nur an den Qualitäten eines sozialen Trägers.

Nach Klärung der vertraglichen Grundlagen und tatkräftiger Unterstützung aus der Schweiz durch die Projektleiterin Lucie Hauser und Peter Müller, damals Vorstand der Winterthur Versicherungen, startete SeitenWechsel im Jahr 2000 in Hamburg. Die Frage war, wie eine Hamburgische Organisation das Projekt zugleich – wie gefordert – in ganz Deutschland anbieten konnte. Denn schließlich können von Hamburg aus nicht Unternehmen akquiriert und vor allem nicht soziale Projekte vor Ort gefragt, geschweige denn ihre Qualität fortwährend überprüft werden.

Ein Netzwerk entsteht

Die Lösung war ein «Handelsvertretermodell». Kooperationspartnern in definierten Gebieten ist vertraglich das alleinige Recht zugesichert, SeitenWechsel anzubieten, also die Marke verwenden zu dürfen. Dafür müssen die Kooperationspartner die Kosten der regionalen Akquisition und Durchführung selbsttätig tragen. Dies bedeutete, Organisationen finden zu müssen, die solche Vorleistungen bringen können und wollen. Die Geschäftsleitung der Patriotischen Gesellschaft führte eine große Zahl von Gesprächen mit potenziellen Trägerorganisationen in allen deutschen Regionen. Die Vertragsgebiete sollten in etwa den deutschen Bundesländern entsprechen. Mittlerweile ist fast das ganze Bundesgebiet abgedeckt.

Die vertraglich an die Patriotische Gesellschaft gebundenen Organisationen entstammen einem bunten Spektrum. Es befinden sich darunter gewerbliche Beratungsunternehmen, Einzelcoachs und auch gemeinnützige Organisationen wie Wohlfahrtseinrichtungen und Freiwilligenagenturen. Die Erfahrungen in der Zusammenarbeit sind gut. In einigen Standorten konnte sich das Projekt fast ebenso schnell entfalten wie in Hamburg, und zwar immer dann, wenn Personalressourcen in ausreichender Quantität vorfinanziert werden konnten.

Zur Qualität des Netzwerkes für den SeitenWechsel in Deutschland zählt das jährliche Treffen der Partnerorganisation, in dem Erfahrungen ausgetauscht und Strategien für die Verbesserung des Projektes diskutiert werden.

Naturgemäß unterliegt ein solches Konstrukt auch mancherlei Schwierigkeiten, allein die Koordination der verschiedenen Unternehmenskontakte und praktischen Tätigkeiten in den verschiedenen Gebieten Deutschlands ist sehr arbeitsaufwändig. Insgesamt gestaltet sich die Bilanz aber erfreulich. Zum Zeitpunkt der Drucklegung dieses Buches haben über 200 Führungspersonen den SeitenWechsel in Deutschland durchgeführt. Es beteiligen sich große und mittlere Unternehmen am SeitenWechsel, so BMW, die Phoenix AG, Beiersdorf und viele andere.

Die Wirtschaftskrise trifft auch den SeitenWechsel

Momentan sieht sich SeitenWechsel als Projekt der Personalentwicklung allerdings, wie auch in anderen Bereichen der Unternehmensorganisation sichtbar, mit den Problemen der Konjunkturkrise konfrontiert. Die Mittel der Unternehmen werden gestrichen oder zumindest gekürzt, und dies trifft – unklugerweise – gerade den Fortbildungsbereich in Unternehmen. Hier zeigt sich ein generelles Problem der deutschen Unternehmen, die im Zuge der Globalisierung und der Virulenz der Finanzmärkte neuerdings häufig auf kurzfristige Erfolge und nicht auf langfristige, nachhaltige Strategien setzen. Außerdem haben viele Nachahmer und Plagiateure die Idee des SeitenWechsels aufgegriffen und in verschiedenen Regionen eigene Projekte entwickelt. SeitenWechsel allerdings versteht sich als Premiumprodukt, das bundesweit einheitliche Qualitätsstandards sichert, weltanschaulich neutral ist und auf eine lange Erfahrung sowohl in der Schweiz als auch mittlerweile in Deutschland zurückblicken kann. Über tausend SeitenWechsel insgesamt sprechen für die Qualität des Produktes.

Bedingt durch diese Imponderabilien muss sich die Patriotische Gesellschaft von 1765 auf einen längeren Atem einstellen. Insbesondere die Akquisition von Unternehmen und dann auch von Führungskräften, die tatsächlich an einem SeitenWechsel teilnehmen, ist sehr arbeitsaufwändig. Dabei sind die persönlichen Kontakte, Überzeugungskraft der Akquisiteure und letztlich auch das Entfachen einer Begeisterung bei den Personalentwicklern Schlüsselfunktionen für die erfolgreiche Einleitung des Projektes in Unternehmen.

Für Deutschland ist dabei die Besonderheit zu nennen, dass die Unternehmen bislang den SeitenWechsel nicht in ihre Management-Development-Konzepte einbauen. Es sind einzelne, mitunter einige wenige Führungskräfte aus Unternehmen, die am SeitenWechsel teilnehmen, so dass die Akquisition nach wie vor aufwändig ist. Hinderlich sind auch Umstrukturierungsprozesse in vielen Unternehmen, die Kontakte unterbrechen, häufige Personalwechsel und Fusionen oder Verlagerungen von Unternehmensteilen. Daher müssen immer wieder neue Unternehmen gefunden werden, die sich beteiligen wollen.

Positive Bewertung durch die Teilnehmenden

Die Evaluation des Projektes in Deutschland erfolgte bereits durch die Auswertung der ersten siebzig Fragebögen bei der gleichen Auswertungsstelle wie in der Schweiz, da es sich auch um die gleiche Form der Datenerhebung handelt.

Die Bewertung des Projektes durch die Teilnehmer ist bislang durchweg positiv. Sie zeigten sich beeindruckt von der Arbeit in den verschiedensten sozialen Projekten und waren sich einig, dass sie noch lange über die neuen Erfahrungen und Erlebnisse reflektieren würden. Viele hatten Vorurteile abgebaut und konnten sich gut auf die Menschen mit den unterschiedlichsten Biografien wie auch Fähigkeiten und Bedürfnissen in den sozialen Institutionen einlassen. Sie lernten, den Begriff Erfolg situationsbedingt neu zu definieren und konnten ihr eigenes Arbeitsfeld relativieren.

Zitate von SeitenWechslern

Alle Teilnehmer haben SeitenWechsel als persönliche Chance für sich gesehen, ihr eigenes Verhalten und ihre Fähigkeiten in einem fremden Team und fremden Umfeld neu zu bewerten. Die nachfolgend aus der Evaluation zusammengestellten Zitate zeigen die Wirkungen dieses Weiterbildungsangebotes beispielhaft auf:

Ich habe in einer Woche hinsichtlich der Vielschichtigkeit der Obdachlosenproblematik, Suchtthemen, Umgang mit Behörden mehr Erfahrungen gewonnen als in meinem gesamten bisherigen Leben. Das Projekt SeitenWechsel ist in keinster Weise eine soziale Tat, sondern ein wertvolles, aber hartes Ausbildungsprogramm. Ich möchte diese Erfahrungen nicht missen.
Konrad Ellegast, Vorstandsvorsitzender Phoenix AG bei Hinz & Kunz

Ich habe gelernt, dass Mitleid zu haben und zugleich konsequent zu sein, sich nicht ausschließen müssen.
Christiane Buck, Leiterin Personalentwicklung Hamburgische Landesbank bei ragazza e.V.

Mein Menschenbild hat sich geschärft. Im Betrieb werde ich mich in zukünftigen Auseinandersetzungen anders verhalten, weil ich beispielsweise nicht nur die sinkenden Leistungen eines Mitarbeiters sehen, sondern mich auch fragen werde, welche Gründe es für den Leistungsabfall geben könnte.
Stefan Harder, ehemals Abteilungsleiter Hamburger Gaswerke in einem Wohnheim für Flüchtlinge von pflegen & wohnen

Eine Woche voller wertvoller Lebenserfahrungen, die ich nicht missen möchte. Und ich bin meiner Firma dankbar, dass sie mich für diese Woche freigestellt hat.
Torsten Schümann, IT-Leiter DaimlerChrysler AG im Hospiz Hamburg Leuchtfeuer

Durch SeitenWechsel entwickeln sich andere Wertvorstellungen, und man bekommt Bodenhaftung. Ebenso wertvoll ist die Erfahrung, dass man mit individuellen Schwächen von Menschen offener umgehen muss.
Klaus-Dieter Achtelik, Personaldirektor Phoenix AG, in der Krankenstube für Obdachlose

Ich habe gelernt, fremde Jugendliche auch körperlich an mich heranzulassen. Das tägliche Balancieren zwischen Nähe und Distanz war eine wichtige Übung für mich.

Außerdem habe ich viele Anregungen in Bezug auf Teamarbeit aus meinem Praktikum mitgenommen. Allein so etwas scheinbar Banales wie die Information über die persönliche Befindlichkeit der einzelnen Mitarbeiter wird bei uns nicht in die Mitarbeiterbesprechungen integriert. Dies möchte ich in Zukunft anders machen.

Carsten Spindler, Leiter Informationsverarbeitung Hamburgische Electricitätswerke bei Gemeinwesenarbeit St. Pauli

Ich habe gelernt, dass unsere Art der Konfliktbereinigung im Unternehmen nicht immer zielführend ist.
Ulrich Esser, Leiter Personal- und Führungskräfteentwicklung, Ruhrgas AG im Come In (Fachklinik für drogenabhängige Kinder und Jugendliche von Therapiehilfe e. V.)

Positive Erfahrungen der sozialen Institutionen

Nicht nur die Führungskräfte haben SeitenWechsel als persönlichen Gewinn gesehen, sondern auch die Menschen, die in den sozialen Institutionen arbeiten und leben. Die dortigen Teams haben sich über die Anerkennung sowie über das externe Feedback gefreut und zugleich als Motivation für ihre teilweise doch sehr schwierige Arbeit empfunden. Die Klienten haben das Interesse der Führungskräfte an ihnen und ihren Problemen als positiv empfunden. Sie waren dankbar für die neuen Kontakte und die gemeinsam verbrachte Zeit. Die Befürchtung, die sozialen Projekte würden ausgenützt, bewahrheitete sich nicht. Die beteiligten Projekte sind erfreut über die seltene Gelegenheit, Vertreter der Wirtschaft kennen zu lernen.

Kuratorium

Das Projekt hat mittlerweile auch ein Kuratorium gebildet, das bundesweit für die Qualität einsteht. Mitglieder sind bislang:
– Dr. Thomas Mirow (ehemaliger Wirtschaftssenator in Hamburg);
– Dr. Stephan Reimers (Bevollmächtigter des Rates der Evangelischen Kirche in Deutschland);

- Konrad Ellegast (Vorstandsvorsitzender Phoenix AG);
- Dr. Carl Heinz Daube (Direktor Hamburgische Landesbank).

Aktiver Umgang mit einem Tabuthema

Erfahrungsbericht von Lothar Illing, Hamburg
Einsatz im Sterbehospiz Hamburg Leuchtfeuer

«Ich werde sterben», sagte mir mein Vater im Frühjahr 1998, als er schwer krank in einem Hamburger Krankenhaus lag. «Blödsinn, wir werden noch gemeinsam den Jahrtausendwechsel ins Jahr 2000 feiern, danach ist immer noch genug Zeit, um zu sterben», antwortete ich darauf, wohl wissend, dass wir diesen denkwürdigen Jahreswechsel nicht mehr gemeinsam erleben würden.

Im Juli 1998 ist mein Vater dann gestorben, und ich wußte, dass ich grundsätzlich falsch auf seine Aussage reagiert hatte. Immer wieder mußte ich darüber nachdenken, wie ich mit dem Thema Sterben hätte besser umgehen können und sollen.

Parallel dazu ist in meiner Firma eine Kollegin erkrankt und wird in unterschiedlichen Schüben von einer Tumorerkrankung mit daraus resultierenden langfristigen Krankenhausaufenthalten «gebeutelt». Gut gemeint sagte mir eine andere Kollegin, ich solle die erkrankte Kollegin besser nicht auf die Krankheit ansprechen, da sie nicht «gut drauf» sei. Zwar habe ich diesen Ratschlag seinerzeit befolgt, nur wohl gefühlt habe ich mich dabei in meiner Haut nicht. Hat man sich doch nur selbst und den anderen eine heile Welt vorgegaukelt?

Unzufrieden mit dieser Situation, habe ich mir Gedanken gemacht, wie ich zukünftig selbst mit derartigen Situationen umgehen könnte, als mir ein Zeitungsartikel eines SeitenWechslers in die Hände fiel, der in einem Hospiz die «andere» Seite kennen gelernt hatte. Das ist genau der richtige Ansatz, dachte ich mir, um für mich mit Blick auf das Tabuthema «Sterben» etwas zu verändern. Glücklicherweise bot sich mir dann recht schnell die Gelegenheit, meinen eigenen SeitenWechsel in Angriff zu nehmen. Nie werde ich den Vorbereitungstag dieses Seminars vergessen, war es doch der 11. September 2001. Als ich guter Dinge am Nachmittag dieses Tages nach Hause kam und meiner Familie berichten wollte, was ich in dem Vorbereitungsseminar für den SeitenWechsel erlebt hatte, wurde ich mit den fürchterlichen Bildern des Anschlags auf das World Trade Center in New York konfrontiert, die auf allen Fernsehkanälen liefen. Bei diesem tausendfachen grausamen Sterben der Menschen in diesen Gebäuden waren meine «Probleme» eigentlich schon gar nicht mehr existent, dachte ich, oder war das schon wieder eine Form der Verdrängung?

Einige Wochen später habe ich dann im Hospiz Hamburg Leuchtfeuer für eine Woche meine persönliche Seite gewechselt; raus aus dem Büroalltag und rein in eine Welt, in der das Sterben fast auf der Tagesordnung stand.

Schon mit Beginn des SeitenWechsels fiel mir auf, mit welch bewundernswerter Hingabe sich das Pflegepersonal, die Küchenbesetzung und die große Anzahl der ehrenamtlichen Helfer um die zu betreuenden Bewohner, wie sie die Menschen des Hospizes nannten, denen ihr letzter Weg in diesem Leben bevorstand, kümmerten. In diesem Zusammenhang von einer Berufung für diese aufopferungsvolle Tätigkeit zu sprechen, scheint mir nicht übertrieben zu sein.

Natürlich hatte ich arge Beklemmungen, als ich das erste Mal in das Zimmer eines Bewohners mitging, um dort bei der Morgentoilette eines alten Herrn, dem jeder wünschte, er könne endlich sterben, zu helfen. Diese wichen aber sehr schnell der Empfindung, dass ich mir nicht als überflüssiger Außenseiter vorkam, sondern dass ich hier ehrlich mithelfen konnte.

Verzweiflung, Hoffnung, Arrangieren mit dem Gedanken, sterben zu müssen, regeln, was noch zu regeln ist und Loslassen können oder eben auch nicht, das schienen mir die unterschiedlichen Stationen des Sterbens zu sein, die ich bei den Bewohnern im Hospiz Leuchtfeuer Hamburg meinte, wahrzunehmen.

Das mag sehr routiniert klingen, allerdings war das Kennenlernen dieser unterschiedlichen Stufen und die dahinter stehenden

Bewohner mit zum Teil furchtbaren Krankenbildern bei den Tumor-patienten für mich eine Belastung, mit der ich auch umzugehen lern-te. Natürlich gingen mir die Bilder eines Tages nicht aus dem Kopf, wenn ich nach meinen «Diensten» nach Hause fuhr. Als ich die Pfle-ger darauf ansprach und fragte, ob sie auch diese Gefühle trotz ihrer zum Teil jahrelangen Erfahrung kennen würden, gaben sie mir einen Tipp. «Lass dir warmes Wasser über deine Hände und Unterarme lau-fen, damit kannst du dir die seelische Belastung quasi abspülen», sagte mir Günther, der mich während des einwöchigen SeitenWech-sels im Hospiz betreute. Und siehe da, dieser Tipp half mir tatsächlich, die Bilder eines Tages besser zu verarbeiten.

Trotz der recht kurzen Zeit im Leuchtfeuer Hamburg gelang es mir, so etwas wie Vertrauen zu dem einen und anderen Bewohner aufzubauen, die gesundheitlich noch in der Lage waren, am gemein-samen Mittag- und Abendbrotessen teilzunehmen. Durch diese ge-meinsamen Essen bestand nämlich die Möglichkeit, sich mehrmals im Tagesverlauf zu sehen und miteinander zu sprechen, fast möchte ich es «klönen» nennen.

So habe ich von Horst, einem Hirntumorpatienten, erfahren, dass er in früheren Jahren diverse Marathonläufe absolviert hatte. Da ich selbst auch dieser Art von Selbstkasteiung nachgehe, hatten wir na-türlich sofort ein spannendes Thema zu fassen, was darin gipfelte, dass wir gemeinsam über den Flur des Hospizes «joggten». Zuerst noch sehr vorsichtig lief Horst mit seiner Gehhilfe los, doch bald wur-den wir mutiger, ließen diese beiseite, und ich stütze Horst bei unse-ren gemeinsamen läuferischen Übungen auf dem Flur.

Auch sorgte eine Stadtrundfahrt durch Hamburg mit Marie, einer liebenswürdigen alten Dame, für einen leichten Menschenauflauf des Küchenpersonals und der «Ehrenamtlichen» im Foyer des Hospizes, als ich Marie überredet hatte, mit mir gemeinsam einmal durch meine Stadt zu fahren und ihr die eine und andere schöne Seite von Hamburg zu zeigen. Marie hatte mir nämlich in einem Gespräch auf mein Nachfragen gesagt, sie kenne die Stadt eigentlich nur flüchtig und hätte das Angebot einer Stadtrundfahrt bisher immer abgelehnt. Ach ja, immerhin haben wir zwei es dann geschafft, mit einer Art «standing ovations» und mit Worten wie «Marie, dass wir das noch erleben dürfen, dass du eine Stadtrundfahrt machst» von den Leuchtfeuer-Leuten in unsere Rundfahrt verabschiedet zu werden. Als wir dann erkannten, dass wir unser zeitliches Limit für die Fahrt nicht einhalten und verspätet zum gemeinsamen Mittagessen ins Hospiz zurückkehren würden, meinte Marie in ihrer beruhigenden, leisen Stimme: «Das macht doch nichts, die anderen kommen auch nicht immer pünktlich zum Essen!»

Bei diesen «Unternehmungen» konnte ich feststellen, wie zufrieden ich mit einem Mal für das dankbare Lächeln dieser Bewohner war, das sie mir «schenkten», wenn wir uns verabschiedeten. Dieses Lächeln, das ich viel bewusster wahrgenommen habe als vielleicht irgendein Lächeln zu anderen Situationen außerhalb dieses SeitenWechsels, erzeugte in mir ein ein völlig neues Gefühl der Dankbarkeit. So etwas hätte ich vorher nicht für möglich gehalten, ja, ich hätte nicht einmal gedacht, dass ein einfaches Lächeln eine so tiefe Dankbarkeit hervorrufen kann. Durch dieses Erlebnis wurde mein Fokus auf die wirklich wichtigen Dinge des Lebens gelenkt, gleichzeitig wurde mir klar, mit welchen banalen Dingen man manchmal meint, sich «verrückt» machen zu müssen.

Nein, hier wurde nun vieles auf ein vernünftiges Mass zurückgestuft, wovon ich – Gott sei Dank – noch heute profitiere. Mit einem Male sieht man nämlich das eigene Umfeld, ja die eigene Familie, in einem ganz anderen Licht und ist dankbar, dass es ihr einfach gut geht und sie gewissermaßen auf der Sonnenseite des Lebens steht. Vorher war das immer eine Selbstverständlichkeit, über die man gar nicht mehr nachgedacht hat.

Aus diesen Erfahrungen heraus habe ich dann auch den Kontakt zu meiner Schwiegermutter neu «sortiert», der bis dato eigentlich über viele Jahre dem typischen Schwiegermutter-Schwiegersohn-Klischee nahe kam. Wir hatten beide nicht das rechte Verhältnis zueinander, da wir doch beide schöne Dickschädel waren. Hier gab es eine «Baustelle», die ich, mit Blick auf das Alter und die Gesundheit meiner Schwiegermutter, nun einfach einmal regeln wollte. Was haben wir noch für einen prachtvollen Sommer 2002 verleben können, was haben wir noch gemeinsam lachen können, und wie zufrieden waren in dieser Situation alle, Frau, Kinder, Schwiegermutter und natürlich ich selbst auch, als es dann plötzlich und für uns alle doch überraschend hiess, Abschied zu nehmen.

Anfang September haben wir dann meine Schwiegermutter zu Grabe getragen. Was bin ich dankbar, aus der Erfahrung aus dem Hospiz heraus diesen versöhnenden Schritt getan zu haben. Und natürlich fühle ich mich im Nachhinein wohl und zufrieden. Welche Vorwürfe hätte ich mir wohl auch in diesem Falle gemacht, wenn wir uns nicht noch rechtzeitig vorher ausgesprochen hätten? Und ich weiß auch, dass im Grunde genommen auch sie, was unser beider Verhältnis anbetrifft, sich von dieser Welt beruhigt verabschieden konnte. Derartige Ereignisse haben mir letztendlich aufgezeigt, dass es doch tatsächlich noch irgendetwas zwischen Himmel und Erde geben muss, das auf uns schaut und hier und da einmal mit einem kleinen Wink hilfreich Dinge zu regeln hilft.

Auch mit meiner Kollegin in der Firma, die, selber schwer krank, seit Monaten wieder dabei ist, gegen ihre Krankheit anzukämpfen und der ich von meinen Erfahrungen im Hospiz und auch von den sehr persönlichen mit meiner Schwiegermutter berichtet hatte, kann ich mich völlig frei und ohne irgendwelche Beklemmungen über ihre Krankheit und über die Therapie unterhalten.

Wenn man dann noch berücksichtigt, dass ich genau mit der Kollegin, die mir in der Vergangenheit immer wieder abgeraten hatte, diese Themen anzusprechen, nun in Form von gemeinsamen Frühstücksbesuchen dabei bin, unserer gemeinsamen Kollegin Mut zu machen und mit ihr gemeinsam auch auf andere Gedanken zu kommen, dann denke ich, dass dieses genau der richtige Weg ist. Ja, wir haben beide dazugelernt!

Leuchtfeuer Hamburg hat mir, um bei dem Beispiel eines Leuchtfeuers zu bleiben, den richtigen Weg aufgezeigt, mit den Tabus um das Thema Sterben aufzuräumen und mir Möglichkeiten aufgezeigt, wie ich zukünftig besser damit umgehen kann. Für diese Erfahrung bin ich zutiefst dankbar.

Hamburg, im Oktober 2002

SeitenWechsel: lernen von und mit den andern

Tony Ettlin, Mitglied der SGG-Kommission SeitenWechsel

Wir leben in einer segmentierten und dicht vernetzten Gesellschaft. In unserem Alltag bewegen wir uns in einem Teilbereich eines komplexen Systems. Wir nehmen nur immer einen Teil der Welt um uns herum wahr, funktionieren nach gelernten, zum grossen Teil unbewussten Mustern und reduzieren die Komplexität durch Wahrnehmungs-, Denk- und Verhaltensgewohnheiten auf ein erträgliches und überblickbares Maß. Ohne diese Reduktion durch Abgrenzung, Verdrängung, Vermeidung, Verallgemeinerung etc. wären wir hilflos überfordert. Das ständige Beachten und Einkalkulieren aller Dimensionen, Faktoren, Zusammenhänge und Wechselwirkungen würde uns blockieren und handlungsunfähig machen.

Diese sinnvolle und überlebensnotwendige Beschränkung und Vereinfachung kann aber negative Auswirkungen auf die Qualität unserer Entscheidungen und Handlungen haben. Wer sich nicht um die Zusammenhänge zwischen den verschiedenen Teilen und Schichten unserer Gesellschaft kümmert, kann vielleicht im kleinen, privaten Alltag noch überleben. Im beruflichen, wirtschaftlichen, kulturellen und politischen Leben ist eine breitere, differenziertere Sicht der Dinge notwendig. Nur zu oft erleben wir, was es bedeutet, wenn bei einer unternehmerischen oder politischen Entscheidung die Bedürfnisse und Einflussfaktoren anderer gesellschaftlicher Bereiche nicht oder zu wenig beachtet werden. Von Widerständen bei der Umsetzung bis zu unerwünschten langfristigen Auswirkungen können viele Probleme auf das mangelhafte vernetzte Denken zurückgeführt werden.

Vernetztes Denken setzt aber geistige Beweglichkeit, Selbstvertrauen, Wille zur Nachhaltigkeit, Umgang mit Widersprüchen und Kenntnis und Verständnis anderer gesellschaftlicher Welten voraus. In den Anforderungen an Führungskräfte in der Wirtschaft wird in diesem Zusammenhang oft von «sozialer Kompetenz» gesprochen.

Führungskräfte wachsen durch ihren beruflichen Werdegang in die Unternehmenswelt hinein, die ihre Wahrnehmung, ihr Denken und Handeln bestimmt. Natürlich kommen sie in ihrem beruflichen und privaten Leben mit anderen Teilen der Gesellschaft in Kontakt: als Bürger oder Bürgerin, Ehepartner oder -partnerin, Vater oder Mutter, Sportlerin, Mitglied einer Behörde oder eines Vereins, über private Kontakte, die Medien etc. Aber die Arbeitswelt und das berufliche Engagement dominieren und bestimmen in starkem Maße die Denk- und Verhaltensmuster. Wir alle entwickeln mit der Zeit eine bestimmte, individuelle Weltsicht, die widersprüchliche und unangenehme Signale ausfiltert. Wir konstruieren uns eine Welt, die in sich stimmig ist und die die tägliche Anstrengung, dieses Weltbild aufrechtzuerhalten, auf ein erträgliches Maß reduziert. Wir suchen nach Informationen, die uns in unseren Annahmen bestätigen und übergehen oder unterdrücken Signale, die uns zum kritischen Hinterfragen und Verändern unseres Weltbildes zwingen würden.

Was können wir dieser unerwünschten Entwicklung entgegenhalten? Wie können wir offen bleiben für andere Sichtweisen, Werthaltungen, Anliegen, Denkweisen? Wie können wir die Vielfalt von Ansichten und Beiträgen für eine gute Qualität unserer Entscheidungen und Handlungen nutzen?

Die einfachste Methode, um von andern zu lernen, ist der Blick über den Gartenzaun. Oder noch besser: der Spaziergang in Nachbars Garten. Und wenn ich meinen Nachbarn wirklich kennen lernen und von ihm etwas lernen will, dann verbringe ich Zeit mit ihm, helfe ihm bei der Arbeit, spreche mit ihm, höre ihm zu und versuche zu verstehen, warum er bestimmte Sachen so sieht, wie er sie sieht, oder so tut, wie er sie tut. Ich lerne ihn dabei von einer neuen Seite kennen, muss mein bisheriges Bild in einigen Punkten revidieren, finde ihn vielleicht sympathischer, interessanter, offener, umgänglicher, differenzierter, als ich ihn mir bisher vorstellte.

Ich gehe auch das Risiko ein, dass ich neue unangenehme Seiten an ihm entdecke oder mich in einzelnen negativen Punkten bestätigt fühle. Aber auf jeden Fall habe ich etwas gelernt. Mein Bild meines Nachbarn baut nun mehr auf direkten Erfahrungen und Informationen aus erster Hand auf als vorher. Gehörtes, Geahntes, Vorgestelltes, selber Erdachtes ist durch eigene Erfahrung und Wahrnehmung ersetzt. Bestimmt werde ich von nun an meinen Nachbarn in meine Überlegungen und Entscheidungen mit einbeziehen, wenn es ihn betrifft, und dadurch die Qualität meines Handelns verbessern. Das Gleiche gilt für den Nachbarn.

Aus solchen Überlegungen ist die Idee des SeitenWechsel-Projekts entstanden. Führungskräfte sollen in einem einwöchigen, begleiteten Arbeitseinsatz in einer Non-Profit-Organisation im sozialen Bereich Lernerfahrungen machen, die sich positiv auf ihre persönliche Entwicklung, ihr soziales Bewusstsein, ihre soziale Kompetenz und dadurch auf ihr Verhalten im Unternehmen und in der Gesellschaft auswirken. Dabei soll ein gemeinsamer Lernprozess aller Beteiligten entstehen.

Abgrenzung zu Sozialeinsätzen und «Corporate Volunteering»

Was unterscheidet den SeitenWechsel von anderen Sozialeinsätzen? Viele Führungskräfte leisten in ihrer Freizeit Freiwilligenarbeit im sozialen Bereich. Firmen organisieren unter dem Begriff «Corporate Volunteering» Arbeitseinsätze und Hilfsaktionen in Berggebieten, Behinderten- und Altersheimen, säubern Bäche und Flüsse in ihrer Umgebung oder leisten spontan Hilfe, wenn Not am Mann ist.

All diese Aktivitäten sind sehr sinnvoll, notwendig und anerkennenswert. Der SeitenWechsel will sich aber von diesen Formen von «Corporate Volunteering» oder «Freiwilligenarbeit» abgrenzen, um das spezielle Profil, das das Erreichen der Ziele garantieren soll, zu erhalten (siehe Ammann, S.25).

Der SeitenWechsel ist ein Lernprojekt, das das Lernen in andern Arbeitswelten zum Ziel hat. Die speziellen Merkmale sind:

- Beschränkung auf Führungkräfte,
- Einbettung in die Management-Entwicklung der Unternehmen,
- Vorbereitung auf den Einsatz,
- Dauer des Einsatzes nicht unter einer Woche,
- individuelles Lernprogramm für jeden SeitenWechsler/jede SeitenWechslerin,
- Begleitung und Betreuung durch Fachleute der sozialen Institution,
- Arbeitseinsatz, nicht nur Besuchsprogramm,
- systematische Auswertung vor, während und nach dem Einsatz,
- Auswertung und Transferunterstützung im Unternehmen,
- Netzwerk aller SeitenWechslerInnen zur Unterstützung der Nachhaltigkeit.

Warum nur Führungskräfte?

Es wäre natürlich schön und sinnvoll, wenn alle Angestellten eines Betriebes, von der Lehrtochter bis zum CEO, vom Lagerarbeiter bis zum Marketing-Chef, einen SeitenWechsel machen könnten. Im SeitenWechsel-Projekt beschränken wir uns auf die Führungskräfte, weil wir uns von dieser Zielgruppe am meisten Multiplikation und Folgewirkung versprechen. Zudem müssen wir uns mengenmäßig beschränken, um die sozialen Institutionen nicht zu überfordern. Die Qualität der Betreuung und Begleitung kann nur garantiert werden, wenn sich die Zahl der «Besucher» in Grenzen hält. Bei einzelnen begehrten Institutionen stoßen wir schon an die Grenze der Belastbarkeit.

Auch das Ziel des gegenseitigen Lernens erfordert eine zahlenmäßige Beschränkung und Auswahl der entsprechenden LernpartnerInnen. Der SeitenWechsel will ein Instrument der Managementent-

wicklung sein und bleiben und seine Kräfte auf die Entscheidungsträger in den Unternehmen und die zukünftigen Mitglieder des Top-
kaders konzentrieren. Bisher ist es nur in Einzelfällen gelungen, Mitglieder der obersten Führungsebene eines Unternehmens zu einem
SeitenWechsel zu bewegen. Wir hoffen jedoch, dass die Zeit für uns
arbeitet und immer mehr Führungskräfte, die einen SeitenWechsel
gemacht haben, in die obersten Gremien aufsteigen.

Warum nur eine Woche?

Eine oft gehörte Kritik ist: «Eine Woche ist zu kurz. Die ‹echte› Erfahrung stellt sich erst bei einem Langzeitaufenthalt ein.»

Die Einsatzdauer von einer Woche hat sich als bestmöglicher
Kompromiss zwischen den Ansprüchen und Grenzen aller Beteiligten herauskristallisiert. Die Unternehmen würden ihre Leistungsträ-
ger nur ungern für mehr als eine Woche entbehren wollen. Auch aus
der Sicht der SeitenWechsler ist eine zusätzliche Woche Abwesenheit vom Arbeitsplatz an der Grenze des Verkraftbaren. Die Verantwortlichen in den sozialen Institutionen würden einerseits eine längere Aufenthaltsdauer begrüßen, da sich die Einsatzmöglichkeiten
und der «return on investment» vergrößern würde, andererseits ist
jeder Besucher oder jede Besucherin eine Zusatzbelastung für das
Personal. Am ehesten würden die Insassen, Patientinnen und Mitarbeitenden eine längere Dauer begrüßen, da sich der zwischenmenschliche Kontakt nach einer Woche erst richtig aufzubauen beginnt. Das Bedürfnis nach mehr Kontinuität in der Beziehung wird
über die vielen regelmäßigen und dauerhaften Kontakte, die aus dem
SeitenWechsel-Einsatz entstehen, befriedigt.

Dass ein einwöchiger Einsatz keine «echte» Erfahrung ermöglicht, wird durch die Rückmeldungen und Auswertungen klar wider-
legt. Die meisten SeitenWechslerInnen berichten, dass sie spätes-
tens am dritten Tag die anfängliche Distanz ablegten oder ablegen

mussten und mit Situationen konfrontiert wurden, die sie an die psychischen oder physischen Grenzen führten. Viele sind am Ende der Woche froh, wieder in ihre gewohnte Umgebung zurückkehren zu können. Natürlich würde die zweite Woche oder der nächste Monat eine zusätzliche Erfahrungsdimension bringen, aber das übersteigt die Ziele und Möglichkeiten des SeitenWechsels.

Wirkungsebenen des SeitenWechsels

Die Wirkungen, die der SeitenWechsel erzielen soll, lassen sich fünf verschiedenen Ebenen zuteilen:
- auf die Ebene der persönlichen Erfahrung des SeitenWechslers oder der SeitenWechslerin,
- auf die Ebene der Auswirkung auf das Unternehmen,
- auf die Ebene der Auswirkungen auf die soziale Institution,
- auf die Ebene der Verbindung von Wirtschaft und sozialen Bereichen der Gesellschaft,
- auf die Ebene der langfristigen sozialpolitischen Auswirkungen.

Persönliche Erfahrungen

Auf der persönlichen Ebene geht es um das Erleben einer anderen Welt und wie ich mich darin zurechtfinde und verhalte. Das Wahrnehmen von andern Verhaltensweisen und Kommunikationsformen macht die darunter liegenden Werte und Normen bewusst. Im Vergleich mit der eigenen Welt geschieht Reflexion über Vor- und Nachteile bestimmter Verhaltensmuster und Einstellungen. Eigene Gewohnheiten und selbstverständliche Reaktionsmuster werden hinterfragt und eventuell verändert.

Ein weiteres Thema auf der persönlichen Ebene ist das Erleben von Grenzen im psychischen, emotionalen und physischen Bereich.

Der Umgang mit ungewohnten, eventuell Angst machenden oder Ekel erregenden Situationen, das Erleben von Überforderung, Hilflosigkeit, Aggression, Trauer oder Gewalt kann die eingeschränkte emotionale Kompetenz aufzeigen, aber auch beglückende menschliche Erlebnisse vermitteln.

Die wichtigsten und eindrücklichsten Veränderungen geschehen auf dieser persönlichen Ebene. Oft führt ein SeitenWechsel-Einsatz zu einer grundsätzlichen Überprüfung der eigenen Werte und wird als Wendepunkt oder als Meilenstein in der persönlichen Entwicklung beschrieben. Die Annahme, dass sich diese einschneidenden Erlebnisse auch im positiven Sinn auf die Führungsarbeit und den Umgang mit den Mitarbeitenden auswirkt, scheint sich zu bestätigen.

In Teil 2 (S. 83 ff.) werden die Auswertungsergebnisse vorgestellt. Die Zusammenfassungen und Grafiken belegen eindrücklich, wie die Mehrheit der Teilnehmenden den SeitenWechsel als bereichernde, tiefgehende und nachhaltige persönliche Erfahrung beschreiben.

Auswirkungen auf das Unternehmen

Der SeitenWechsel will die soziale Kompetenz der Führungskräfte und die soziale Verantwortung des Unternehmens fördern. Die Erwartung, dass ein einzelner SeitenWechsel im Unternehmen sichtbare Spuren hinterlässt, kann sicher nicht erfüllt werden. Wir hören zwar immer wieder, dass SeitenWechsler nach ihrem Einsatz etwas ganz Konkretes in ihrer Führungsarbeit verändert haben und von ihren Mitarbeitenden anders wahrgenommen werden, aber eine Breitenwirkung auf die Unternehmens- und Führungskultur kann zumindest kurzfristig nicht nachgewiesen werden.

Die Wirkung erfolgt eher auf der symbolischen Ebene. Durch das Bekenntnis der Unternehmensleitung zum SeitenWechsel als Instrument der Managemententwicklung wird ein Zeichen von sozialem Bewusstsein und sozialer Verantwortung gesetzt. Gleichzeitig werden damit Erwartungen geweckt, dass dieses Versprechen auch auf anderen Gebieten der unternehmerischen Tätigkeit eingelöst wird. Die Mitarbeitenden und die Öffentlichkeit reagieren sehr sensibel auf die Widersprüche im ethischen Verhalten der Geschäftsleitung. Bei offensichtlichen Diskrepanzen kann die Glaubwürdigkeit des Managements darunter leiden.

Auswirkungen auf die sozialen Institutionen

Der Gewinn auf der Seite der sozialen Institutionen wurde am Anfang des SeitenWechsel-Projekts eher als erwünschter Nebeneffekt gesehen. Im Zentrum stand das Lernen der Manager durch die Erfahrungen in einem ungewohnten Umfeld.

Die Rückmeldungen und Erfahrungsberichte der Verantwortlichen in den sozialen Institutionen ergeben aber ein erfreulich anderes Bild. Die Beteiligten auf der sozialen Seite sehen sich nicht nur als DienstleisterInnen für die Entwicklung der SeitenWechslerInnen, sondern betonen immer wieder ihren eigenen Gewinn. Sie profitieren vom Austausch, vom Feedback, von der kritischen Sicht eines «Fremden», von den naiven Fragen des Unbedarften und «Unverdorbenen», vom Fachwissen aus der Wirtschaft, von den vielfältigen Kontakten und Gesprächen, die oft lange über die Einsatzwoche hinaus andauern (siehe Teil 3, S. 167 ff.).

Der Lerngewinn der «Sozialen» wird durch das Angebot des «SeitenWechsels in die Wirtschaft» noch vergrößert. Nachdem aus den individuellen Kontakten immer wieder Gegenbesuche entstanden, gibt es seit zwei Jahren ein Angebot der Partnerfirmen für einen einwöchigen Einsatz im Unternehmen. Diese Möglichkeit wird zunehmend genutzt. Führungspersonen aus den sozialen Institutionen leisten einen Einsatz in der Verkaufs- und Marketingabteilung, am Fließband in der Produktion, in der Migros-Filiale, in der Personalabteilung oder in einer Veranstaltung im Rahmen der Managementwicklung. Dabei gelten die gleichen Regeln wie für den Original-SeitenWechsel: Es muss eine Lernerfahrung sein, vorbereitet, betreut und nachbereitet.

Die Brücke zwischen Wirtschaft und sozialen Bereichen

Der SeitenWechsel will durch die Menge der individuellen Einsätze eine Annäherung zwischen der Wirtschaft und den sozialen Bereichen der Gesellschaft erreichen. Dies soll sich in einem höheren Bewusstsein für die Zusammenhänge, besserem Verständnis für die andere Seite, Einbezug von sozialen und wirtschaftlichen Überlegungen in Entscheidungsprozessen auf beiden Seiten und einer allgemeinen Aufweichung der Fronten zeigen. Durch die direkten Kontakte werden Vorurteile abgebaut, und die gegenseitige Wertschätzung nimmt zu.

Die Brückenfunktion des SeitenWechsels kommt auch in den Aktionen und Projekten, die aus einem Einsatz heraus entstehen können, zum Ausdruck. Immer wieder hören wir, dass Ideen, die während der SeitenWechsel-Woche entstanden sind, in Zusammenarbeit zwischen Unternehmen und sozialen Institutionen umgesetzt werden und zu längerfristigen Engagements führen. Einige Beispiele:

- Eine Verkaufsförderungsabteilung lässt Verpackungsarbeiten im Arbeitszentrum einer psychiatrischen Klinik ausführen.
- Die Vertreterinnen des Frauenhauses konnten ihre Tätigkeit dem Bundesamt für Kultur vorstellen.
- SeitenWechslerInnen helfen an Bazars, Personalfesten und Jahrmärkten oder organisieren und finanzieren Betriebsausflüge.
- SeitenWechslerInnen stehen für Aushilfedienste zur Verfügung oder machen einen weiteren Einsatz in den Ferien.
- Mit einer Spende von Fr. 10 000.– wurde in einem Heim ein Freizeitraum eingerichtet.

- Anstelle eines Aperitifs bei einem Stellenwechsel wurde eine Aktion eines Jugendzentrums finanziert.
- Die Weihnachtskarten einer ganzen Firma wurden von einem Behindertenheim hergestellt.
- Eine Firma unterstützt jedes Jahr ein soziales Projekt mit einem namhaften Beitrag und gibt administrative Arbeiten an soziale Institutionen.
- Es werden Beratungsleistungen im Bereich Informatik, Marketing und Finanzen erbracht.
- TeilnehmerInnen aus einem Berufsförderungskurs können ihre Praktika im Unternehmen absolvieren.

Langfristige sozialpolitische Auswirkungen

Wenn durch das SeitenWechsel-Projekt gesellschaftspolitische Themen wie Lebenszeit – Arbeitszeit – Sozialzeit, soziale Verantwortung, Freiwilligenarbeit, soziale Gerechtigkeit, Solidarität, Gemeinschaft ins Bewusstsein der Beteiligten gerückt und diskutiert werden, dann entspricht das durchaus den Zielsetzungen der InitiantInnen. Wir sind jedoch bescheiden und realistisch genug, um zu wissen, dass wir mit unserem Projekt die Welt nicht verändern werden, oder wenn, nur ein bisschen ...

«Wenn du dich verändern möchtest, musst du bereit sein zu wachsen. Und wachsen kann manchmal auch weh tun!»

Erfahrungsbericht von Cornelia Zachäus, ABB Schweiz AG, Sales Managerin Gasisolierte Schaltanlagen
Einsatz im Kinderheim Pilgerbrunnen, Zürich

Ich war Entwicklungsingenieurin für Hochspannungsleistungsschalter im Leistungslabor in Baden. Mein Alltag war durch Zeichnungen, Berechnungen und Versuche geprägt – eine sehr interessante Aufgabe. Außerhalb meiner Arbeitszeit engagierte ich mich in einer Arbeitsgruppe, welche sich mit der Einführung neuer Arbeitszeitmodelle in unserer Firma beschäftigte. Ich empfand es als sehr spannend, über den Tellerrand zu schauen. Dies gab mir zusätzlich die Möglichkeit, die Firma von einer anderen Seite kennen zu lernen.

Der Entschluss, selbst einen SeitenWechsel zu machen, reifte genau in jener Arbeitsgruppe. Ich hörte dort zum ersten Mal davon. SeitenWechsel fordert dazu heraus, sich mit sozialen Fragen mit unterschiedlichen Werten und Einstellungen auseinander zu setzen. Diese Art von Weiterbildung dient dem Austausch von Kenntnissen und Fähigkeiten zwischen unterschiedlichen Arbeitswelten, dem Abbau von Vorurteilen und fördert die Sozialkompetenz.

Ich erhielt im Oktober 2000 die Möglichkeit, in einem Durchlauf einzusteigen und mich mit drei weiteren Mitarbeitern von ABB an einer Einführungsveranstaltung mit dem Programm und den unterschiedlichen sozialen Institutionen vertraut zu machen. Nach verschiedenen Informationsgesprächen entschied ich mich spontan, meinen einwöchigen SeitenWechsel im Kinderheim «Pilgerbrunnen» in Zürich zu absolvieren. Zunächst lernte ich in einem Einführungstag die Institution näher kennen. Die Leiterin erklärte mir sehr anschaulich die Zielsetzungen, stellte mir ihre Mitarbeiter und die Organisation vor. Weiterhin diskutierten wir meine Erwartungen an diesen einwöchigen Exkurs. Am Ende des Tages besuchte ich noch für wenige Minuten die Kindergruppe Pinocchio, welche ich für eine Woche gegen meinen Arbeitsplatz in der Entwicklung eintauschte.

Ich kann mich noch genau an jenen Montagmorgen erinnern, an welchem ich den SeitenWechsel antrat. Ich nahm die öffentlichen Verkehrsmittel. Ich studierte mehrmals die Fahrtroute, um nicht zu spät zu kommen. Ich war nervös und zugleich aufgeregt. Zum ersten Mal beschlichen mich Fragen: Wie gehe ich mit diesen Menschen dort um, wie sehen diese Menschen mich dort? Haben diese Menschen Vorurteile gegenüber Menschen, die aus der Industrie kommen? Ich wischte meine Zweifel beiseite. Immerhin war ich bereits auf dem Weg zum Pilgerbrunnen. Andererseits freute ich mich auf eine spannende Woche, die mit meinem bisherigen Arbeitsumfeld überhaupt nichts gemeinsam hatte.

Um neun Uhr umringten mich bereits die Kinder, die mich mit ihren großen Augen neugierig musterten. All meine Ängste waren wie weggeblasen. In der Pinocchio-Gruppe wurden sechs Kleinkinder im Alter zwischen sieben Monaten und vier Jahren betreut. Zwei Erzieherinnen pro Schicht kümmerten sich 24 Stunden um die Kleinen – fast wie eine richtige Familie. Dies war den Eltern aus den verschiedensten Gründen nicht möglich.

Der erste Tag war voller Eindrücke. Tausend Fragen schossen mir durch den Kopf. Meine Gefühle waren sehr gemischt. Ich versuchte mich zurechtzufinden, den Kontakt zu den Kindern herzustellen und schaute den Erzieherinnen den ganzen Tag bei ihren Arbeiten über die Schulter. All meine Fragen wurden geduldig beantwortet.

In den nächsten Tagen lernte ich die Kinder zunehmends besser kennen und wurde Stück für Stück in die Gruppe integriert. Frühstücken, Zähne putzen, Mittagsschlaf, Spielen, Vesper, Besuch der Eltern und Nachtessen gehörten zum täglichen Rhythmus. Ich lernte, dass dieser regelmäßige Ablauf sehr wichtig für die Kinder ist. Die Offenheit und das große Interesse der Erzieherinnen, sich mit meiner Arbeitswelt auseinander zu setzen, war verblüffend. Zahlreiche interessante Diskussionen begleiteten meine Tage im Pilgerbrunnen. Ich bekam die Möglichkeit, an Sitzungen des Pilgerbrunnen-Personals teilzunehmen. Hier wurden alltägliche Probleme, sei es bezüglich der Kinder, sei es die Schichteinteilung der Erzieherinnen oder finanzielle Anschaffungen, diskutiert. Mich beeindruckte, wie sehr sich alle bemühten, mich zu integrieren. Immerhin war ich eine Fremde und verließ die Institution nach einer Woche wieder. Für diese Offenheit und Herzlichkeit war ich sehr dankbar. Am Ende der Woche erhielt ich von der Leiterin der Institution die Möglichkeit, in einem längeren Gespräch den Pilgerbrunnen von der betriebswirtschaftlichen Seite kennen zu lernen. Auf diesem Gebiet fühlte ich mich zu Hause.

Am Freitagnachmittag verließ ich das Kinderheim. Die Zeit war sehr schnell vergangen. Ich verließ die Institution mit einem weinenden und einem lachenden Auge. Ich hatte in kürzester Zeit viele Freunde gewonnen. Es waren Menschen, die mir halfen, sich in ihrer Welt zurechtzufinden, aber sich auch nicht scheuten, mit meinen Augen die Welt zu sehen. Die Umstellung auf die ABB-Welt erfolgte am Montag der darauf folgenden Woche rasend schnell.

Was habe ich nach dieser Woche mitgenommen und erfahren?

Es ist eine andere Welt. Am Anfang erschien mir der Aspekt Zeit sehr ungewöhnlich. Es gab Stunden und Minuten, in denen nichts geplant war. Die Kinder brauchen solche Ruhestunden, um Erlebtes zu verarbeiten. Für mich war dies sehr ungewöhnlich. In meinem beruflichen Alltag ist sozusagen jede Minute verplant. Rasch habe ich in der Arbeit mit den Kindern erlebt, dass Druck und Stress, wie ich es aus meinem bisherigen Arbeitsleben kannte, häufig nicht zum gewünschten Ergebnis führten. Es war spannend zu erleben, wie unmittelbar und ehrlich das Feedback der Kleinen verbal als auch nonverbal erfolgte.

Für mich persönlich hat es sich gelohnt, am SeitenWechsel teilzunehmen. Es gab mir die Möglichkeit, über Vorurteile nachzudenken und diese zu revidieren, Grenzen zu erfahren und meine Kommunikationsfähigkeit in ungewöhnlichen Situationen zu erweitern. Dafür waren die Kleinen ein hervorragendes Übungsfeld.

Weiterhin hat mir die Woche im Pilgerbrunnen bestätigt, wie wichtig es ist, nicht nur einen Mitarbeiter, sondern den Menschen dahinter zu sehen. In der heutigen schnelllebigen Zeit wird dies im betrieblichen Alltag zunehmend übersehen. Hier zählen Fakten und Zahlen. Ehrlicherweise möchte ich erwähnen, dass es mir sehr schwer fällt, den konkreten Nutzen für meine Arbeit in Worte zu fassen. In meinem Arbeitsumfeld hatte sich nach dieser Woche nur sehr wenig geändert.

Heute, drei Jahre später, möchte ich sagen: SeitenWechsel war und ist eine Erfahrung wert, und ich möchte diese Möglichkeit nicht missen. SeitenWechsel gehört seit jener Zeit, aufgrund der zahlreichen positiven Erfahrungen der Teilnehmer, zum festen Bestandteil des Ausbildungsprogrammes der ABB.

Teil 2

Die Wirkung, die Ergebnisse, Lernprozesse

Die Teilnehmenden wurden befragt, und fast alle waren begeistert. Doch was genau hatten sie gelernt? Die Welt bewegte sich, und neue Themen tauchten auf, unerwartete und tiefgründige. Jeder und jede lernte in unterschiedlicher Weise. Wen wunderts, dass die Sozialinstitutionen Lust auf einen Gegenbesuch in der Wirtschaft bekamen?

Was bewirkt der SeitenWechsel?

Tony Ettlin, Mitglied der SeitenWechsel-Kommission SGG
Dr. Hans-Peter Meier-Dallach, cultur prospectiv
Dr. Therese Walter, cultur prospectiv

Die zentrale Frage, die sich im SeitenWechsel-Projekt von Anfang an stellte, war die nach der Wirkung. Kann ein einwöchiger Einsatz in einer sozialen Institution etwas verändern? Was kann realistischerweise von einem solchen Einsatz erwartet werden? Daran ist auch die Frage geknüpft, ob der SeitenWechsel die gesetzten Ziele erreichen kann. In der SeitenWechsel-Broschüre werden die Ziele wie folgt beschrieben:

- SeitenWechsel strebt ein langfristiges Ziel an: Austausch zwischen Wirtschaft und Sozialwesen, gemeinsame Verantwortung für die sozialen Aufgaben der Gesellschaft.
- SeitenWechsel ist eine besondere Art von Weiterbildung. Er bietet gesellschaftliche Lernfelder an, schafft Orte und Gelegenheiten, in denen sich Verantwortliche von Unternehmen und Menschen in sozialen Institutionen begegnen.
- SeitenWechsel fordert dazu heraus, sich mit sozialen Fragen, mit unterschiedlichen Werten und Einstellungen auseinander zu setzen.
- Die Weiterbildung dient dem Austausch von Kenntnissen und Fähigkeiten, baut Vorurteile ab und fördert die Sozialkompetenz.

Auf der Seite der sozialen Institutionen wird erwartet, dass

- sie vom unternehmerischen Know-how ihrer Gäste profitieren können;
- sie ihre eigenen Leistungen Wirtschaftsvertretern präsentieren können und sich davon mehr Anerkennung für ihre Arbeit und einen Imagegewinn versprechen.

Für die SeitenWechslerInnen wird die erwartete Wirkung so beschrieben:

– SeitenWechsel ist Weiterbildung in Sozialkompetenz. Er offeriert praktische Lern- und Erfahrungsfelder in unbekannten Arbeitswelten, im Alltag von sozialen Institutionen. Diese fordern und fördern bei Seitenwechslern alle Facetten menschlich kompetenten Verhaltens: sensibles Wahrnehmen, Kommunikationsfähigkeit, Kreativität und Improvisationsgeschick.

– Ein SeitenWechsel schärft die Wahrnehmung, macht hellhörig für soziale Fragen und baut Vorurteile ab, indem er Einsicht in andere Realitäten vermittelt.

Davon profitieren nicht nur die Teilnehmenden, der Betrieb profitiert mit: Ein Unternehmen, das seine soziale Verantwortung gegenüber Mitarbeitenden und Gesellschaft ernst nimmt, braucht Führungskräfte mit solchen Qualitäten. Diese prägen das Klima im Betrieb mit. Als Folge können sich Mitarbeitende mit dem Arbeitgeber besser identifizieren, und die Akzeptanz des Unternehmens in der Öffentlichkeit wächst.

Wissenschaftliche Begleitung

Um die Frage nach der Wirksamkeit beantworten zu können und um aus den gewonnenen Erkenntnissen Verbesserungen einzuleiten, wird der SeitenWechsel wissenschaftlich begleitet. Folgende Instrumente kommen dabei zum Einsatz:

«Log-in/Log-off» ist ein interaktives Instrument zur Festlegung der individuellen und gemeinsamen Ziele, der systematischen Erfassung der Erfahrungen während des Einsatzes und der Auswertung am Ende der Woche. Es besteht aus

– einem Gesprächsleitfaden zur Formulierung der Erwartungen und Ziele,

- einem Arbeitsjournal für den SeitenWechsler/die SeitenWechslerin,
- einer Anleitung und einem Formular für das Auswertungsgespräch,
- einem Fragebogen an den/die Teilnehmende und
- einem Fragebogen an die soziale Institution.

In den Unternehmen werden die Erfahrungen der Teilnehmenden in unterschiedlicher Form ausgetauscht und ausgewertet. Fester Bestandteil ist der halb- oder ganztägige Erfahrungsaustausch in der Gruppe. Zusätzlich erheben einzelne Firmen die Zielerreichung mittels Fragebogen oder Interviews.

Die ausgefüllten Fragebogen, Journale und Gesprächsprotokolle werden zur streng vertraulichen Weiterbearbeitung an «cultur prospectiv» gesandt. «cultur prospectiv» ist ein professionelles Unternehmen für soziologische Studien, das den SeitenWechsel von Anfang an systematisch ausgewertet hat.

Auswertungsergebnisse

Die Auswertungsergebnisse erfassen die Jahre 1995 bis 2002. In dieser Zeit wurden insgesamt 660 Einsätze ausgewertet. 660 Fragebögen stammen von Teilnehmenden und 586 von sozialen Institutionen. Da beide Gruppen die gleichen Fragen beantworten, lassen sich die Ergebnisse vergleichen, und entsprechende Schlüsse können daraus gezogen werden.

Generelle Einstufung der Erfahrungen durch die Teilnehmenden

In der ersten Frage werden die Teilnehmenden nach ihrer generellen Einstufung der gemachten Erfahrungen befragt.

Generelle Einstufungen der Erfahrungen während des Einsatzes durch die Teilnehmer aus der Wirtschaft

die gemachten Erfahrungen

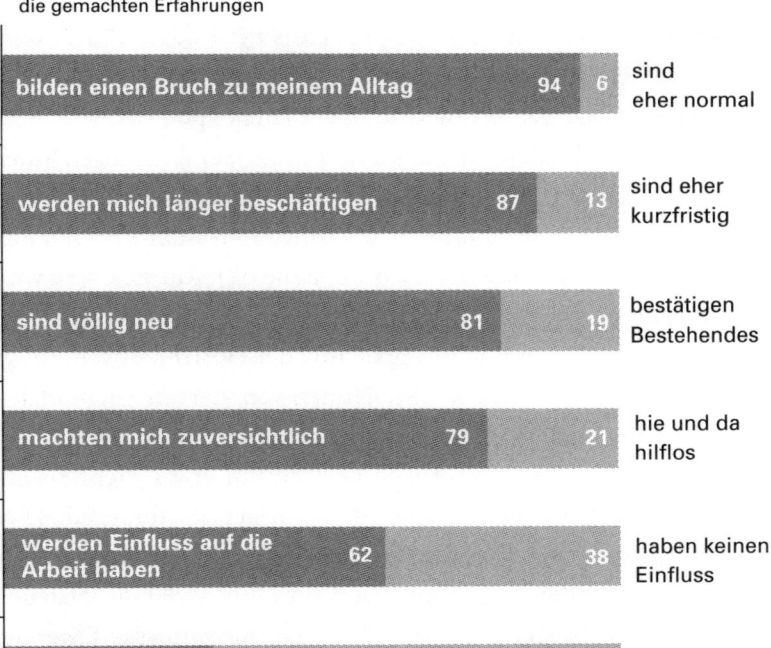

bilden einen Bruch zu meinem Alltag	94 6	sind eher normal
werden mich länger beschäftigen	87 13	sind eher kurzfristig
sind völlig neu	81 19	bestätigen Bestehendes
machten mich zuversichtlich	79 21	hie und da hilflos
werden Einfluss auf die Arbeit haben	62 38	haben keinen Einfluss
forderten mich	34 66	bewältigte ich mühelos

0   20   40   60   80   100

N = 660

Abbildung 1

Neun von zehn Teilnehmenden erleben den SeitenWechsel als Bruch zu ihrem Alltag. In Kommentaren kommt das als «unerhörter Bruch mit allem Bisherigen» oder als «völlig neue soziale Erfahrung» zum Ausdruck. Fast gleich viele erwarten, dass der Einsatz sie noch länger beschäftigen wird. Hinter diesen Aussagen stecken Erfahrungen, die die Beteiligten an die Grenzen ihrer emotionalen Belastbarkeit geführt haben, zum Beispiel Begegnungen in einem Sterbeheim für Unheilbare oder intensive Gespräche mit einem Kriminellen im Gefängnis. Die Nachhaltigkeit der gemachten Erfahrungen werden mit Aussagen unterstrichen: «Seit ich im Asylantenheim war, sehe ich das Fremdenproblem bei uns neu» oder «Der Einsatz hat mir die Einsicht vermittelt, was Drogenabhängigkeit tatsächlich ist, was falsch und was richtig läuft in der Drogenpolitik».

In der Einschätzung einer Mehrheit der SeitenwechslerInnen werden die Erfahrungen einen Einfluss auf die Arbeit haben. Worin dieser Einfluss besteht, kommt in den Antworten einer späteren Frage zum Ausdruck (siehe Abbildung auf Seite 94). Am stärksten wird der Umgang mit Menschen im Betrieb beeinflusst (34 Prozent), gefolgt vom Wissen über Randgruppen und der Horizonterweiterung.

Auch wenn die SeitenWechslerInnen von starken emotionalen Berührungen erzählen, kommt in den quantitativen Auswertungen eine große Zuversicht zum Ausdruck, und nur etwas mehr als ein Drittel der Antwortenden erlebte den Einsatz als fordernd. Dies weckt die Vermutung, dass der Einsatz eine gewisse Distanz zulässt und von den Beteiligten gut gemeistert wird. Bei der Frage nach den negativen Erfahrungen oder den Punkten, die verbessert werden könnten (siehe Abbildung auf Seite 99), wird in diesem Zusammenhang die zu kurze Zeit des Einsatzes und die starke Ausrichtung auf die leitenden Personen angeführt. Die Teilnehmenden wären folglich bereit, tiefer in die konkrete Arbeit einzutauchen und noch intensivere Erfahrungen zu machen. Leider lassen verschiedene Rahmenbedingungen längere Einsätze und direkteren Kontakt mit den Klientinnen und Klienten der Institutionen nicht zu.

Diese generellen Einstufungen zeigen, dass einige der oben erwähnten Ziele und erwarteten Wirkungen in hohem Masse erfüllt werden. Der SeitenWechsel bietet auf jeden Fall Gelegenheit zu intensiven Erfahrungen in einem unvertrauten Umfeld, die eine nachhaltige Wirkung auf verschiedenste Lebensbereiche haben.

Welchen Nutzen ziehen die Beteiligten aus einem SeitenWechsel Einsatz?

Gemäß den Zielsetzungen des Projekts soll für vier Interessengruppen ein Nutzen erzielt werden:
- die Teilnehmenden,
- die sozialen Institutionen,
- die KlientInnen der sozialen Institutionen,
- die Unternehmen.

Fast 90 Prozent der Teilnehmenden beurteilen den persönlichen Nutzen als hoch. Das sehen auch die VertreterInnen der sozialen Institutionen so. Dass der persönliche Gewinn am höchsten bewertet wird, überrascht nicht. Auch in den Kommentaren und in den Äußerungen beim Erfahrungsaustausch kommt immer wieder zum Ausdruck, dass die Teilnehmenden vor allem den Wert der persönlichen Erfahrung hoch schätzen. Die Auswirkungen auf den Betrieb werden eher als indirekte Wirkung beschrieben: «Durch meine persönliche Erfahrung werde ich in Zukunft anders mit Mitarbeitenden umgehen.» 76 Prozent der SeitenWechslerInnen sehen aber eine hohe oder mittlere Wirkung auf den unternehmerischen Alltag. Die Verantwortlichen der sozialen Institutionen sind in diesem Punkt noch optimistischer. Fast 90 Prozent erwarten eine hohe oder mittlere Wirkung auf die Betriebe. Vermutlich sind die Teilnehmenden aus den Wirtschaftsbetrieben in dieser Frage skeptischer, weil sie den Alltag und dessen abschleifende Mechanismen im Unternehmen gut genug kennen und sich nicht zu grosse Illusionen machen.

Wie wird der Nutzen des Einsatzes eingeschätzt?

Einschätzung des persönlichen Nutzens

Einschätzung des Nutzens für den Wirtschaftsbetrieb

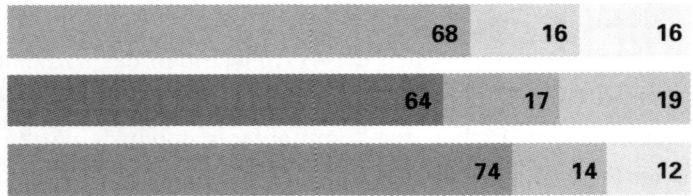

Einstufung des Nutzens des Einsatzes durch

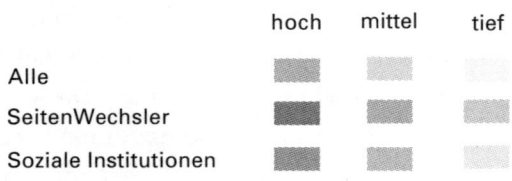

Abbildung 2

Offensichtlich stellen auch die betreuenden Personen in den sozialen Institutionen die persönliche Erfahrung der BesucherInnen in den Vordergrund. Das heißt jedoch nicht, dass sie nicht auch einen Nutzen für ihre Institution erkennen würden. In diesem Punkt stimmt ihre Einschätzung mit der Sichtweise der Teilnehmenden überein. In beiden Gruppen sehen ungefähr drei Viertel einen hohen oder mittleren Nutzen für die soziale Institution. Worin dieser Nutzen besteht, wird in der Grafik auf Seite 95 dargestellt.

Einschätzung des Nutzens für die sozialen Institutionen

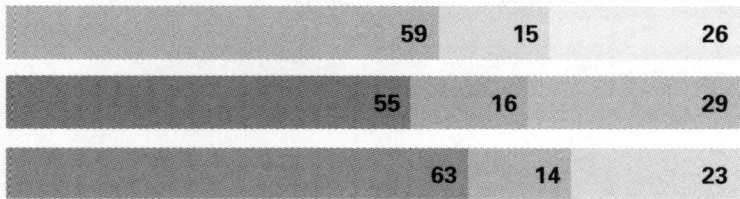

Einstufung des Nutzens des Einsatzes durch

	hoch	mittel	tief
Alle			
SeitenWechsler			
Soziale Institutionen			

Abbildung 3

Auch die Klientinnen und Klienten profitieren vom Besuch eines SeitenWechslers. Mindestens beurteilen rund 80 Prozent der Teilnehmenden und der Betreuenden diesen Gewinn als hoch oder mittelgroß. Eine Befragung der Klientinnen ist in vielen Fällen nicht möglich und würde vermutlich zu wenig aussagekräftigen Resultaten führen. So sind wir in diesem Punkt auf die Einschätzung durch die Teilnehmenden und die BetreuerInnen angewiesen, die aber durch Einzelaussagen von KlientInnen bestätigt werden.

Einschätzung des Nutzens für die Klienten/Klientinnen

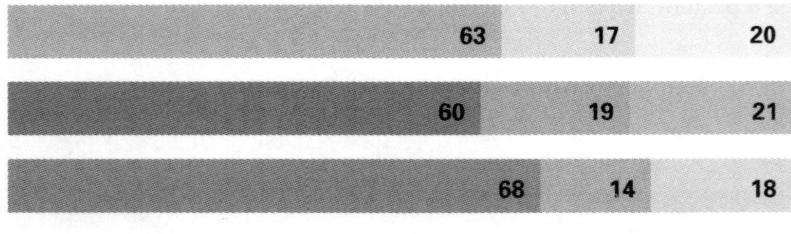

	63	17	20
60		19	21
	68	14	18

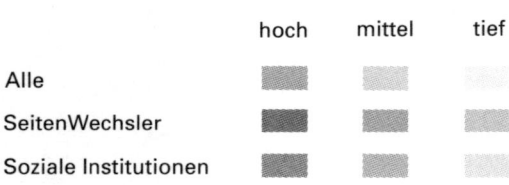

	hoch	mittel	tief
Alle			
SeitenWechsler			
Soziale Institutionen			

Abbildung 4

Begründung des persönlichen Nutzens

Die Frage, worin denn der persönliche Nutzen der SeitenWechslerInnen bestehe, fördert interessante Unterschiede in den Einschätzungen durch die Teilnehmenden und die VertreterInnen der sozialen Institutionen zutage. Während die Teilnehmenden «Einblick
gewinnen», «Umgang mit Menschen in schwierigen Situationen»
und «Vorurteile abbauen» hoch bewerten, sehen die «Sozialen» den
Nutzen vor allem im «helfen können», «Einblick gewinnen» und
«neue persönliche Kontakte». Die Teilnehmenden erleben den Einsatz wohl stärker als Konfrontation mit einer neuen ungewohnten
Welt, als es die BetreuerInnen auf der sozialen Seite wahrnehmen.
Ihrerseits bewerten diese die konkrete Hilfeleistung höher und sehen in den neuen persönlichen Kontakten einen grösseren Gewinn.
In der Abbildung auf Seite 99, die die negativen Erfahrungen zeigt,

sehen wir, dass sich die Teilnehmenden oft als «noble Zuschauer», die «herumstehen, ohne etwas anzupacken» oder gar «im Wege stehen» erleben. Die Betreuenden sehen das offensichtlich nicht als gravierendes Problem. Immerhin hat dieses Auswertungsergebnis zum Überdenken und Verändern einiger Einsatzformen geführt. Es gibt soziale Institutionen, die sich mehr oder weniger gut für einen SeitenWechsel-Einsatz eignen, wenn das Ziel einer aktiven Mitarbeit erreicht werden soll.

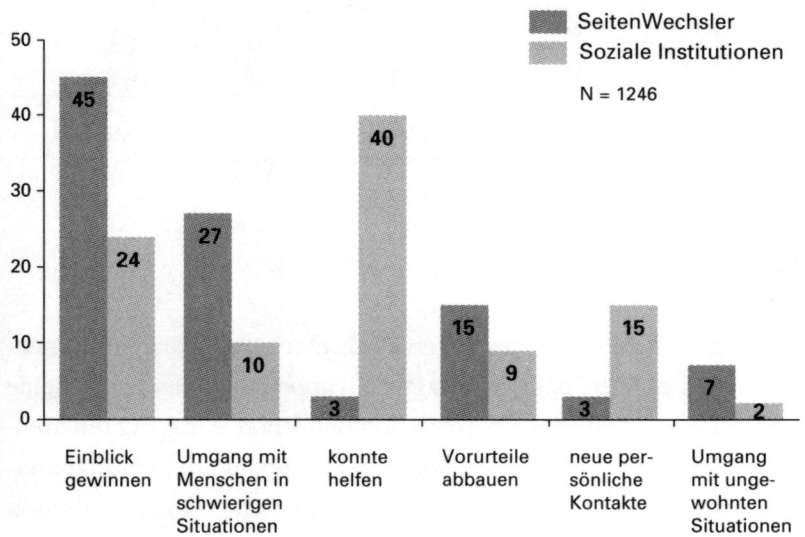

Abbildung 5

Begründung des Nutzens für den Betrieb

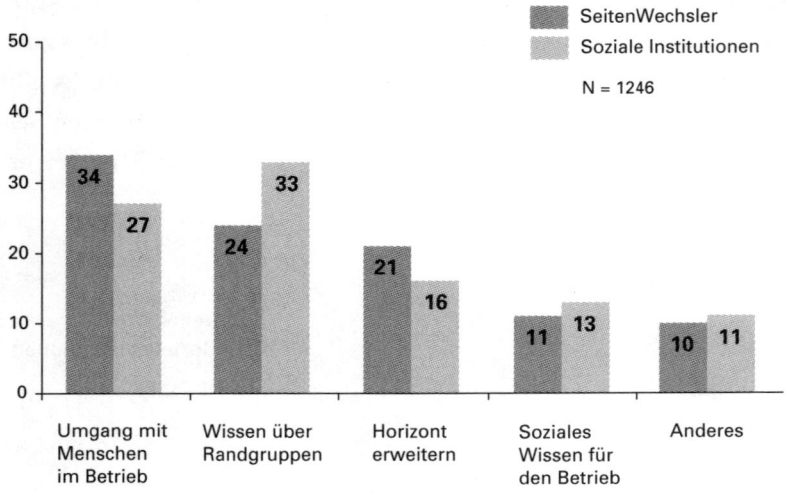

Abbildung 6

Über die Wirkungen eines SeitenWechsels im Wirtschaftsunternehmen sind sich die beiden befragten Gruppen ziemlich einig. Beide sehen den größten Nutzen in den drei Bereichen «Umgang mit Menschen im Betrieb», «Wissen über Randgruppen» und «Horizonterweiterung». Die Teilnehmenden setzen die Auswirkungen auf ihren Umgang mit den Mitarbeitenden in ihrer eigenen Arbeitsumgebung an erste Stelle. Sie betonen damit, dass der SeitenWechsel zum Reflektieren ihrer Werte und zur Sensibilisierung für zwischenmenschliche Vorgänge beigetragen hat und nehmen an, dass sie den Menschen in ihrer Umgebung in Zukunft anders begegnen werden. Aus den Kommentaren kann man entnehmen, dass vor allem das Bewusstsein für schwierige soziale Bedingungen zugenommen und mehr Verständnis für Randständige entstanden ist. Die Beschäftigung mit den Randgruppen der Gesellschaft wird von den VertreterInnen der sozialen Institutionen gar als wichtigste Wirkung bewertet. Vermutlich erhoffen sie sich davon auch ein besseres Verständnis und eine größere Wertschätzung ihrer Arbeit. In diesem Sinn ist hier nicht ein direkter Nutzen für den Betrieb angesprochen, sondern eher eine Rückwirkung auf die sozialen Bereiche der Gesellschaft.

Begründung des Nutzens für die sozialen Institutionen

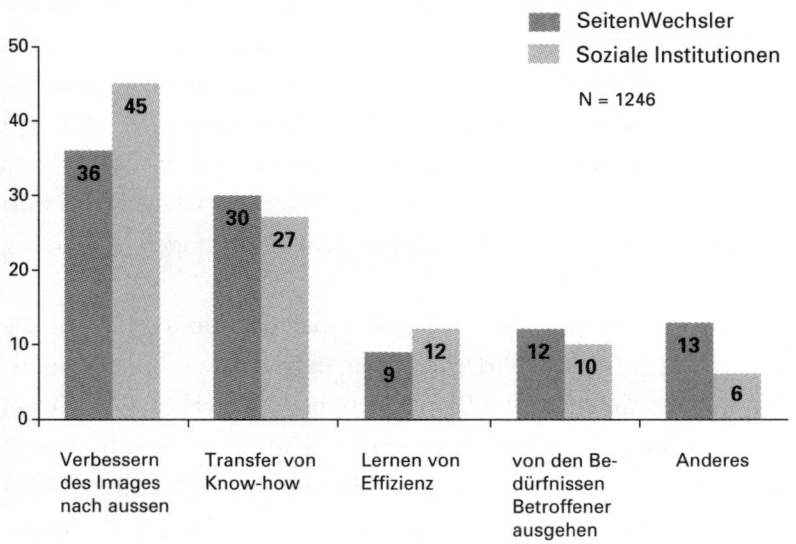

Abbildung 7

Die sozialen Institutionen versprechen sich vom SeitenWechsel vor allem eine Verbesserung ihres Images nach außen und einen Know-how-Transfer. Interessanterweise wird die Wirkung auf das Image von den Teilnehmenden tiefer eingeschätzt. Deutet das auf ein latentes Minderwertigkeitsgefühl der sozialen Institutionen hin, oder ist das Image aus der Sicht der WirtschaftsvertreterInnen gar nicht so schlecht? Immerhin finden 36 Prozent der SeitenWechslerInnen, dass sich der Besuch positiv auf das Image auswirken wird. Das deckt sich mit Kommentaren, wie: «Ich habe mein Bild von der Sozialarbeit gründlich ändern müssen. Was die leisten, ist eindrücklich!» Existierende Vorurteile werden durch die konkrete Erfahrung ersetzt.

Der Know-how-Transfer gehört zu den ursprünglichen Zielsetzungen des SeitenWechsels. Die Frage, wie weit das fachliche Know-how aus der Wirtschaft in die sozialen Institutionen eingebracht werden könne, ohne dass eine Belehrungssituation entsteht, beschäftigte die Projektverantwortlichen von Anfang an. Die Rückmeldungen sind auch in diesem Punkt sehr positiv. Wir hören von konkreten Hilfestellungen und Beratungsleistungen in administrativen, logistischen, finanziellen und marktbezogenen Themen. Oft läuft eine fachliche Beratung auch nach dem Einsatz weiter. Dass es ab und zu zu «Besserwisser»-Stituationen kommt, ist unvermeidlich und kommt in den Aussagen über Negativ-Erfahrungen (Abbildung auf Seite 99) zum Ausdruck.

Ein oft gehörtes Vorurteil gegenüber der Sozialarbeit ist die mangelnde Effizienz. Wirtschaftsleute neigen dazu, ihre eigene Arbeit im Unternehmen als effizienter zu beurteilen als die Arbeit von Betreuenden, Pflegenden, Erziehenden, Hilfeleistenden. In diesem Bereich bewirkt ein SeitenWechsel-Einsatz vermutlich die größten Korrekturen von unbegründeten Vorurteilen. Die BesucherInnen staunen über die Menge und Qualität der geleisteten Arbeit, verändern aber auch ihre Kriterien von Effizienz. Sie realisieren, dass ein gutes Gespräch, ein sorgfältiger Umgang miteinander und sich Zeit nehmen, gute Investitionen sind und nicht einfach als Ineffizienz abgewertet werden dürfen. Der unterschiedliche Umgang mit der Zeit ist eines der am meisten angesprochenen Themen in den Auswertungsrunden nach dem Einsatz (siehe «von der Projektidee zur Institution» auf Seite 120).

Begründung des Nutzens für die Betroffenen

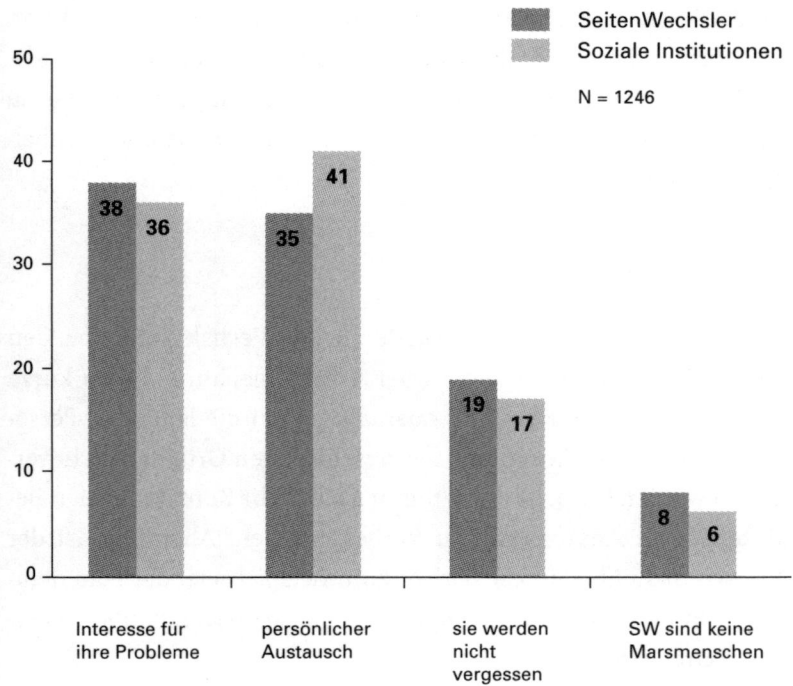

Abbildung 8

Die Bewertung des Nutzens für die Betroffenen fällt bei den beiden befragten Gruppen ähnlich aus. Das Interesse für ihre Probleme und der persönliche Austausch stehen zuoberst. Während die Teilnehmenden ihr Interesse an den Klientinnen und Klienten und ihrer Situation am höchsten werten, sehen die Verantwortlichen der sozialen Institutionen im persönlichen Austausch den höchsten Wert. Wenn man auch noch den dritten Punkt («Sie werden nicht vergessen») dazu nimmt, ist das Bild eindeutig: Die Zuwendung und Aufmerksamkeit, die die Betroffenen erleben, zeigen ihnen, dass sie ernst genommen und als vollwertig behandelt werden. Ein neues Gesicht taucht auf und interessiert sich für die Menschen und ihre

Geschichte, gibt sich mit ihnen ab, hat Zeit für ein Gespräch. In der Qualität dieses zwischenmenschlichen Kontakts sehen die Beteiligten den großen Wert eines SeitenWechsels. Nicht nur die Betroffenen erleben diese Kontakte intensiv und beeindruckend. Viele SeitenWechslerInnen beschreiben die Gespräche und die Zeit, die sie mit den Betreuten verbrachten, als das eindrücklichste und nachhaltigste Erlebnis der Woche.

Negative Erfahrungen

Wie bereits erwähnt, werden von den SeitenWechslerInnen bei den Negativ-Erlebnissen vor allem zwei Aspekte genannt: die zu kurze Einsatzzeit und die zu starke Ausrichtung auf die leitenden Personen. Während die Einsatzzeit aus verschiedenen Gründen nicht verlängert werden kann, ist der Wunsch nach mehr Kontakt mit den Betroffenen ein Ansatzpunkt zu Verbesserungen. Allerdings ist der Wunsch nicht überall realisierbar, zum Beispiel setzt der Patientenschutz in der Psychiatrie dem aktiven Einsatz der SeitenWechslerInnen Grenzen.

Die Erkenntnis, dass die beiden Seiten eine andere Sprache sprechen, wird hier zwar als Negativ-Punkt aufgeführt, kann aber auch als Lernfeld betrachtet werden. Speziell für das Lernziel «Förderung der Sozialkompetenz» ist das Erkennen von unterschiedlichen Sprachgewohnheiten und das Bemühen um eine Verständigung über diese Unterschiede hinweg ein wesentlicher Lernschritt.

Markant sind die Unterschiede zwischen den SeitenWechslerInnen und den «Sozialen» in den Bewertungen der aktiven Rolle als HelferIn. Die SeitenwechslerInnen erleben sich eher als «noble Zuschauer», «Herumstehende» oder gar «Störende», als es aus der Sicht der Betreuenden aussieht. Vermutlich erwarten die BetreuerInnen keine große Arbeitsleistung oder Hilfestellung von den BesucherInnen und sehen deren Rolle als Beobachtende und Mitden-

Negative Erfahrungen, die «hie und da» bis «häufig» angegeben wurden

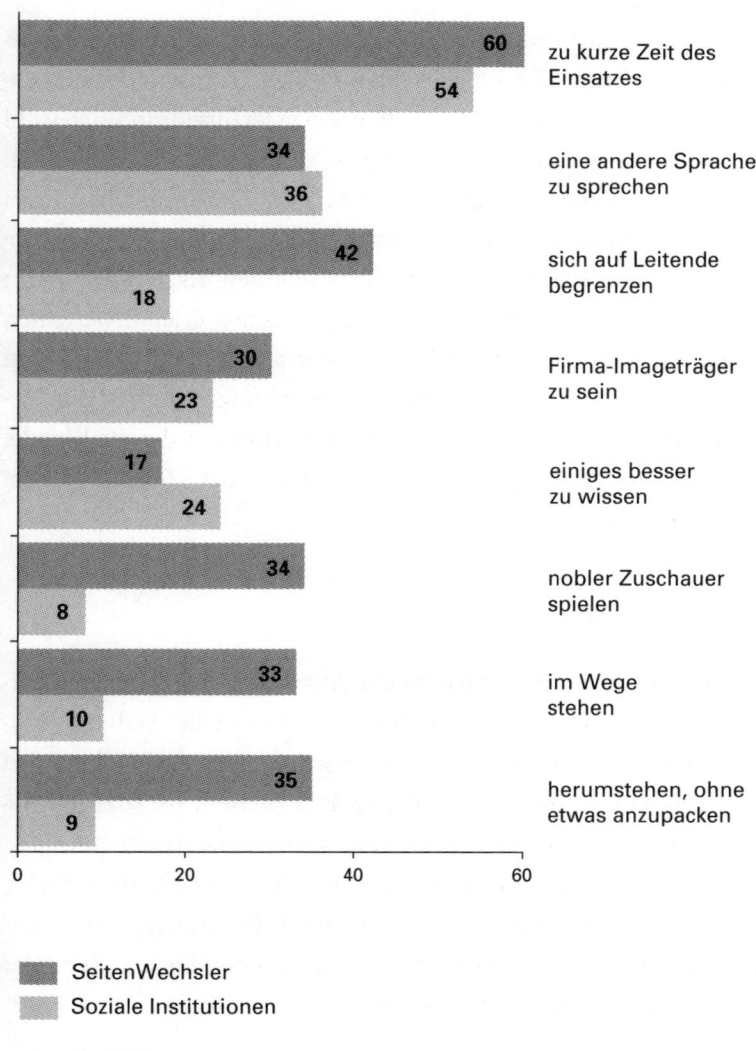

60 / 54	zu kurze Zeit des Einsatzes
34 / 36	eine andere Sprache zu sprechen
42 / 18	sich auf Leitende begrenzen
30 / 23	Firma-Imageträger zu sein
17 / 24	einiges besser zu wissen
34 / 8	nobler Zuschauer spielen
33 / 10	im Wege stehen
35 / 9	herumstehen, ohne etwas anzupacken

SeitenWechsler
Soziale Institutionen

N = 1246

Abbildung 9

kende, während die Teilnehmenden sich gerne nützlich machen möchten. Sie erleben die konkrete Arbeit und den direkten Kontakt mit den Betreuten als das Neue, Spannende und Befriedigende an ihrem Einsatz.

Ein kritischer Punkt erscheint in der Aussage «Firma-Imageträger zu sein». Beide Seiten beobachten dies ab und zu und sehen darin einen negativen Aspekt. Die SeitenWechslerInnen sind sich wohl gewohnt, als VertreterInnen ihrer Firma aufzutreten und sie werden von den Betroffenen auch als das identifiziert. Lieber möchten sie in diesem Umfeld aber als Mensch wahrgenommen werden und empfinden die Verbindung mit dem Unternehmen als Hindernis im offenen, zwischenmenschlichen Kontakt. Aus den Erlebnisberichten geht auch hervor, dass diese Fassade nur am Anfang besteht und verschwindet, sobald eine intensivere Beziehung zwischen den Beteiligten entsteht. Vor allem KlientInnen schildern diesen Wandel vom «Manager» zum «guten Kollegen» oder sogar «Freund» in berührender Weise.

Erneute Teilnahme

Nach dieser inhaltlichen Analyse der Auswertungsergebnisse überrascht es nicht, dass eine überwältigende Mehrheit der SeitenWechslerInnen wieder einen Einsatz machen würde. In vielen Fällen führt dieses Erlebnis zu einem freiwilligen Engagement im sozialen Bereich, sei es im besuchten Betrieb oder in einer anderen Institution.

Auch die sozialen Institutionen sind fast ausnahmslos bereit, wieder SeitenWechslerInnen aufzunehmen. Die wenigen «Aussteiger» begründen ihren Entscheid mit betrieblichen Eigenheiten oder zu großer Belastung für das Personal.

Erneute Teilnahme

Ganz persönlich: Sind Sie interessiert, zu einem späteren Zeitpunkt wieder an einer Aktion teilzunehmen?

Teilnehmer aus der Wirtschaft

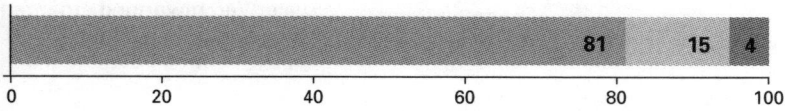

Teilnehmer aus sozialen Institutionen

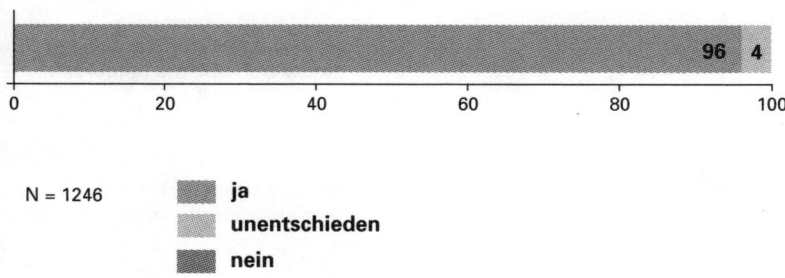

N = 1246   ja
            unentschieden
            nein

Abbildung 10

Weiterentwicklung des SeitenWechsels

Die Teilnehmenden und die VertreterInnen der sozialen Institutionen werden auch nach ihren Vorschlägen für die Weiterentwicklung des SeitenWechsels befragt. Welche Ziele soll SeitenWechsel zusammen mit den Betrieben anstreben?

101

Zielsetzungen von SeitenWechsel

Welche Ziele muss SeitenWechsel zusammen mit den Betrieben anstreben?

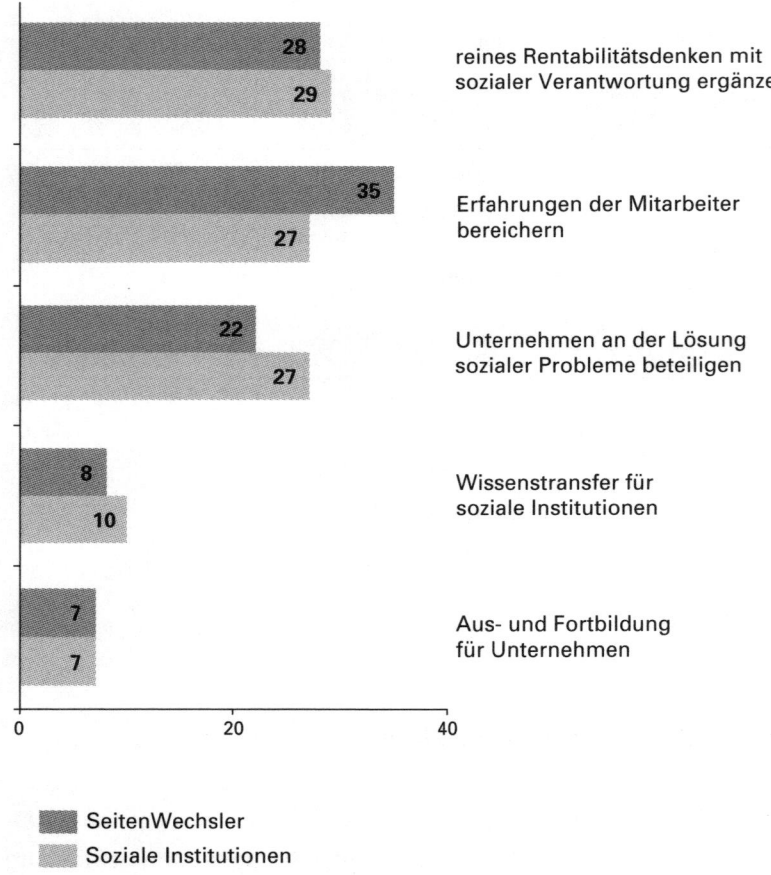

Abbildung 11

In diesen Aussagen kommt klar zum Ausdruck, dass die Beteiligten den SeitenWechsel als Instrument zur Förderung des sozialen Bewusstseins und der sozialen Verantwortung der Unternehmen sehen. Die SeitenWechslerInnen betonen auch noch die persönliche Erfahrung der Mitarbeitenden.

Erstaunlich wenig Wert wird auf den Wissenstransfer und den SeitenWechsel als Teil der Aus- und Fortbildung gelegt. Das Lernen geschieht gemäß den Beteiligten auf anderen als den klassischen Ebenen der Managementausbildung. Die SeitenWechslerInnen und die sozialen Institutionen versprechen sich eine direktere Wirkung des Einsatzes auf das reine Rentabilitätsdenken und die soziale Verantwortung der im Unternehmen Beschäftigten als über die üblichen Aus- und Fortbildungsmassnahmen. In diesem Sinne ist der Seiten-Wechsel wirklich eine «besondere Art von Weiterbildung», wie er im Prospekt beschrieben wird.

Eine nachhaltige Erfahrung im Wellengang der Suchtklinik

Erfahrungsbericht von Martin Christen, UBS
Einsatz in der Forel Klinik für Alkoholentzug, Ellikon

Seit knapp 10 Jahren arbeite ich in leitenden Positionen bei der UBS. Als Sektionsleiter eines Entwicklungsteams in der Informatik wurde ich auf meinen Antrag Ende 2001 für die Führungsweiterbildung Management Development Program (MDP) nominiert. Mit dieser Weiterbildung verfolgte ich das Ziel, mich im Bereich der sozialen Kompetenz zu verbessern und mein Führungsverhalten zu reflektieren. Als integrierter Bestandteil des MDP ist ein SeitenWechsel vorgesehen.

Die Unterlagen, welche wir vom SeitenWechsel ProjekTATelier erhalten haben, weckten innert kurzer Zeit mein Interesse und meine Erwartungen, wie zum Beispiel Neugier, Austausch zu sozialen- und führungsrelevanten Themen, Reflektion meiner Handlungskompetenz im Bereich Konflikte und Kommunikation. Ich wollte diese Chance in meinem Lernprozess nutzen, um eine soziale Institution kennen zu lernen. Zu diesem Zeitpunkt hatte ich noch keine Ahnung, was mich genau erwartete, welche sozialen Institutionen es gibt und für welche ich mich entscheiden würde. Natürlich hatte ich auch gewisse Zweifel, was meine Teilnahme in einer solchen Institution auslöst, wie ich auf die Menschen zugehen kann, wie weit ich mich darauf einlassen kann und wo meine individuellen Grenzen sind.

Eine Woche vor der geplanten Entscheidung erhielten wir detailliertere Angebote der einzelnen Institutionen. In dieser Ausbildungswoche entschied ich mich für zwei bis drei Angebote, welche ich in die nähere Auswahl einstufte. Am Tag der Entscheidung stellten sich die Vertreterinnen und Vertreter der sozialen Institutionen im Rahmen eines «Marktplatzes» vor. Bei der Auswahl ertappte ich mich dabei, wie ich die Präsentationen und VertreterInnen untereinander verglich und die Menschen einschätzte. Meine Priorität lag im Bereich der Alkoholsucht, und ich hatte das Glück, dass in diesem Jahr drei Plätze für SeitenWechsler in derselben Institution zur Verfügung standen. Wir wurden rasch einig – es wurde ein kurzer Projektvertrag in Form einer A4-Seite unterzeichnet.

Ich wählte die Forel-Klinik in Ellikon an der Thur, welche in der Schweiz über einen hohen Bekanntheitsgrad als Fachklinik im Bereich der Suchttherapie von alkohol-, medikamenten- und tabakabhängigen Menschen verfügt. Der Grund, diesen Bereich auszuwählen, liegt darin, dass diese legalisierten Suchtmittel in der Schweiz einen hohen Anteil im Konsum durch die Bevölkerung ausmachen und dass die Probleme oft vernachlässigt, verharmlost oder tabuisiert werden. Vorurteile gegenüber süchtigen Menschen und Patienten sind genügend vorhanden. Oftmals setzt man sich mit der Therapierung erst auseinander, wenn jemand im familiären, kollegialen Umfeld oder im näheren beruflichen Umfeld damit konfrontiert ist. Ich wollte mich insbesondere mit den Problemen auseinander setzen, welche zur Sucht führen, wie die Prävention und Erkennung möglich sind (wo sind die Grenzen zwischen Genuss und Sucht?) und welche Therapierungsmöglichkeiten es gibt, wie der Erfolg und die Rückfallquoten sind und ab welchem Moment ich als Vorgesetzter die Pflicht habe einzugreifen und geeignete Massnahmen ergreifen kann.

Vier Monate später war es so weit, der Zeitpunkt für den Seiten-Wechsel stand vor der Tür. Ich freute mich, aus meinem Job eine Woche auszubrechen, um andere Werte und Ziele zu erfahren, als normalerweise in der Wirtschaft an erster Stelle stehen. In meinem beruflichen Umfeld sind finanzielle, technische und politische Überlegungen stark im Vordergrund, ebenso wie dauernde Veränderungsprozesse und strukturelle Anpassungen die Informatikprojekte prägen.

Die Klinik ist unterteilt in Langzeit- und Kurzzeittherapieabteilungen. Patienten der Langzeittherapie sind während eines halben Jahres, die der Kurzzeittherapie während drei bis vier Monaten in der Klinik. Ich war der Abteilung K3 zugeteilt. Das Therapiekonzept umfasst psychiatrische Begleitung in Form von Einzel- und Gruppengesprächen, Sport- und Bewegungstherapie als auch Gestaltungstherapie (Malen, Formen usw.). In der Langzeittherapie wird zusätzlich noch eine Arbeitstherapie (Schreinerei, Gärtnerei) angeboten.

Am ersten Tag, als ich mich um acht Uhr beim Empfang meldete, hatte ich ein gutes Gefühl im Bauch, allerdings hatte ich keine Ahnung, was mich an diesem Tag erwartete. Ich wurde sehr freundlich von der Abteilungsleiterin empfangen, welche für meine Betreuung zuständig war. Für einen Rundgang auf dem Gelände war jedoch keine Zeit, es ging gleich los mit einer Gruppentherapiesitzung zum Thema Suchtmittel. Ich lernte eine Kleingruppe von Alkoholsüchtigen kennen, welche in der Klinik in der Abteilung K3 zu einer drei- bis viermonatigen Therapie waren. Ich hatte die Gelegenheit mich vorzustellen. Die Gruppe nahm mich in ihrem Kreis freundlich auf, und trotzdem fühlte ich eine gewisse Distanz.

Als ich mich in die Lage der Patienten versetzte, wurde mir bewusst, dass ich hier in einem Setting war, in welchem doch sehr persönliche Lebensgeschichten und Reflexionen thematisiert wurden und ich natürlich ein Fremdling war. Die Patienten zeigten trotzdem Verständnis für den SeitenWechsel und waren bereit, sich auf das Experiment einzulassen. Im Verlaufe des Tages lernte ich die Räumlichkeiten und Therapiemethoden kennen und erhielt einen Stundenplan für diese Woche. Der Plan entsprach einem Mix aus Aktivitäten, an welchen sowohl die Patienten als auch das Leitungsteam teilnahmen.

Den ersten direkten Kontakt zu den Patienten ohne Leitungsteam hatte ich beim Mittagessen. Ich setzte mich spontan an ihren Tisch und half nach dem Essen beim Abwasch der rund 350 Gedecke. Dies verschaffte mir ein erstes Plus, dachten doch alle, ich würde mit dem Leitungsteam essen. Sie luden mich spontan zum Abendessen ein, um einander besser kennen zu lernen. Am Nachmittag beim Bikeausflug und beim Abendessen bekam ich dann einen intensiveren Zugang zur Patientengruppe. Ich lernte einzelne Schicksale näher kennen und bekam einen ersten Eindruck der Probleme, die Alkoholsüchtige beschäftigen.

Ein Schlüsselerlebnis hatte ich am Donnerstag, als ein Patient anlässlich einer Stellenbewerbung nicht mehr in die Klinik zurückkehrte. Er hatte am Mittwoch ein schlechtes Vorstellungsgespräch hinter sich und sich danach betrunken. Er übernachtete zu Hause und rief am anderen Morgen immer noch ziemlich betrunken an und drohte am Telefon mit Selbstmord. Diese Phase war selbst für die Therapeuten nicht alltäglich, galt es doch abzuschätzen, ob er die Drohung wahrmachen würde oder nicht. Die Patientengruppe war total destabilisiert – es herrschte eine Stimmung, wie wenn jemand gestorben wäre. Der erwähnte Patient war in der Gruppe eine starke Persönlichkeit, eine selbstbewusste Person, der man einen solchen Ausrutscher nie zugetraut hätte. Das Thema wurde anschließend in einer Gruppentherapiesitzung thematisiert – ich erinnere mich an unangenehme Situationen und gedrückte Stimmung. Thematisiert wurde insbesondere auch, welche Auswirkungen ein solcher Rückfall auf die einzelnen Patienten hat, respektive wie die Auswirkungen wären, wenn sie selbst einen Rückfall hätten. Die Stimmung war während zweier Tage auf dem Nullpunkt, bis der rückfällige Patient wieder auf eigene Initiative in die Klinik zurückkehrte, um die Therapie fortzusetzen. Während dieser Phase lernte ich diverse Methoden praktisch kennen, welche im Bereich der Gesprächsführung, Kommunikation und Konfliktgesprächsführung angesiedelt sind.

Am letzten Tag bot man mir die Möglichkeit, an einer wissenschaftlich begleiteten, neuropsychologischen Untersuchung des Universitätsspitals Zürich teilzunehmen.

Mein Lerngewinn und -erfolg kann nicht in Zahlen ausgedrückt werden. Das hautnahe Erleben einer solchen Woche führte zu einem nachhaltigen Eindruck, den ich nicht missen möchte. Ich habe durchwegs positive Erfahrungen mitnehmen können. Der Feedback und Austausch mit Patienten, Ärzten und Therapeuten hilft mir, blinde Flecken aufzudecken und mein Verhalten zu reflektieren. Meine persönlichen Ziele und Erwartungen (kennen lernen der Therapieformen, Sensibilisierung zum Thema Sucht/Alkohol, Umgang mit schwierigen Situationen, Reflexion meiner Kommunikation) wurden voll erfüllt.

Der SeitenWechsel – aber auch das ganze MDP – hat in mir Veränderungen ausgelöst. Ich habe sowohl in beruflicher als auch in privater Hinsicht profitiert. Meine Stärken und Schwächen und der Umgang damit sind mir bewusster geworden. Durch die gewonnenen Erkenntnisse kann ich in der Führung und in der Kommunikation auf verschiedene Methoden zurückgreifen, die ich kennen gelernt, trainiert oder vertieft habe. In der Praxis habe ich versucht, die Erkenntnisse umzusetzen, und habe dadurch auch an Selbstsicherheit und an emotionaler Kompetenz gewonnen. Im SeitenWechsel hatte ich auch die Gelegenheit, mich in einem völlig anderen Umfeld auszuprobieren und Feedback zu erhalten, und habe das Bild von mir bestätigt und erweitert.

Ich habe auch mein Netzwerk erweitert und kann dadurch gezielt Probleme und Meinungen austauschen. Sehr nützlich waren Reflexion, Standortbestimmung, Persönlichkeitsprofile und Feedback sowie die Bereiche Change- und Konfliktmanagement in verschiedenen Situationen. Praktisch für alle aufgezählten Bereiche habe ich aus dem SeitenWechsel etwas über mein Verhalten erfahren und Neues dazugelernt. Außerdem kann ich mein Verhalten auch in Stresssituationen besser steuern.

Ich kann dadurch bewusster mit bestimmten Situationen umgehen. Auch mein Umfeld hat Veränderungen erkannt, und ich konnte bestimmte Themen diskutieren. Das Interesse am SeitenWechsel und am Thema Alkoholsucht waren ausgeprägt vorhanden, und ich konnte viele gute Gespräche führen. Diese können andere motivieren, ebenfalls mal einen SeitenWechsel, beispielsweise im Rahmen eines Sabbaticals, durchzuziehen. Ich bin zurzeit daran, meine Erkenntnisse und die Methoden aufzuarbeiten, dass ich diese immer griffbereit zur Verfügung habe.

Ich kann den SeitenWechsel aufgrund meiner nachhaltigen Erfahrung und der professionellen Begleitung allen Interessenten empfehlen und würde jederzeit wieder daran teilnehmen. An dieser Stelle möchte ich mich beim ProjekTATelier, bei UBS, bei der Forelklinik und bei den Menschen bedanken, welche ich im SeitenWechsel kennen gelernt habe!

Von der Projektidee zur Institution – Phasen, Trends und Meilensteine im Spiegel der Evaluation

Dr. Hans-Peter Meier-Dallach, cultur prospectiv

SeitenWechsel ist als Projektidee entstanden, die verschiedene Quellen hat. Gesellschaftliche Entwicklungen, besonders die beschleunigte wirtschaftliche Globalisierung und krisenhafte Auswirkungen im Sozialbereich in den Gemeinwesen, beunruhigten. Am Anfang aber standen starke Motivationen und das Engagement von Personen, um im Spannungsfeld zwischen Wirtschaft und sozialem Sektor Probleme aufzunehmen und mit neuen Ideen zu antworten. SeitenWechsel ist im Laufe der knapp zehn Jahre von einer Projektidee zu einer Institution geworden.

Vier Phasen und ihre Themen

Der Prozess lässt sich von den ersten Einsätzen im Mai 1995 bis Ende 2002 in vier Phasen beschreiben. In jeder verändert sich das Umfeld, oder es kommen neue Themen und Aspeke hinzu. Diese wirken im Rückblick wie Meilensteine, die neue Einsichten und Veränderungen des Projekts angeregt haben. Die Abbildungen 12 und 13 auf Seite 112 zeigen die vier Phasen von SeitenWechsel in der Übersicht über die Teilnahme der Wirtschaft und der sozialen Institutionen. Obwohl sich an der Evaluation von SeitenWechsel Firmen nicht lückenlos beteiligt haben, sind in der Evaluation seit 1995 bis 2002 gute zwei Drittel aller Einsätze erfasst worden. Die Dokumentation des Prozesses steht auf einer umfangreichen, validen Datenbasis und ist repräsentativ.

Die *Pionierphase* erstreckt sich vom Mai 1995 bis Februar 1996. Die ersten SeitenWechsler aus der Wirtschaft sind Kaderleute des

Schweizerischen Bankvereins. Sie steigen ins Experiment ein, das mit den ersten Erfahrungen und Auswertungen den Start des Projekts einleitete.

Bereits die zweite Phase kann man als *Ausbau und Konsolidierung* bezeichnen. SeitenWechsel wird ins Kaderausbildungsprogramm integriert, und zudem greift die Idee auf eine Firma im Detailhandel und Versicherungswesen aus. Die Konsolidierungsphase umfasst den längsten Zeitraum. In dieser Zeit wurden die Bedingungen und Elemente im Ablauf des SeitenWechsels festgelegt, verbessert und verfeinert. Konsolidierung bedeutete auch Öffentlichkeitsarbeit, regelmäßige Treffen mit den Beteiligten und die Reflexion der sich aus der Evaluation ergebenen Folgerungen und Schritten. SeitenWechsel wurde zur Marke entwickelt.

Die Phase ab dem Jahr 2000 kann man als *Expansion* bezeichnen, indem neue Branchen aus der Wirtschaft hinzukommen. In der jüngsten Phase der *Diversifikation* breitet sich das Spektrum der Beteiligung auf Wirtschaftsseite stark aus. Es nehmen sowohl moderne technische Dienstleistungsbetriebe wie Bund, Kanton und Städte am SeitenWechsel teil. Die Diversifikation zeigt sich im Anteil der Bankkaderleute, der von 100 Prozent in der Pionierphase auf zwei Drittel in den zwei folgenden Perioden und auf 43 Prozent in der jüngsten Phase fällt, während die anderen Branchen entsprechend zunehmen.

In Abbildung 13 (S. 112) ist die Entwicklung des Spektrums der beteiligten sozialen Institutionen dargestellt. Bereits nach der Pionierphase wurde das Angebot der sozialen Institutionen ausgeweitet. Psychiatrische Kliniken, Ambulatorien, Tageskliniken, sozialpsychiatrische Einrichtungen wurden die am stärksten nachgefragten Institutionen. Sie zeigen im zeitlichen Trend eine zunehmende Nachfrage. Eine ähnliche Entwicklung zeigt sich im Bereich der Kinderbetreuung und der Jugendarbeit. Behinderteneinrichtungen – in dieser Kategorie sind sowohl geschützte Werkstätten wie Wohn- und Pflegeheime für Schwerbehinderte enthalten – weisen, wie der

Vier Phasen der Entwicklung von SeitenWechsel als Übersicht über die TeilnehmerInnen aus der Wirtschaft nach Branchen

	Pionierphase 5.95-2.96	Konsoli- dierung 3.96-3.00	Expansion 4.00-9.01	Diversifi- kation 10.01-12.02	Total
Psychiatrie, Sozialpsychiatrie	-	18	26	33	24
Kinder-, Jugendbereich	-	15	12	20	15
Behinderteneinrichtungen	16	11	20	12	14
Drogen, Suchtbereich	6	10	6	14	10
Asylbereich, Durchgangszentren	38	12	7	3	9
Alterspflege	13	6	7	3	6
Strafvollzug	6	7	3	6	6
Streetwork, Gassenarbeit	12	6	4	3	5
Aidsprojekte	3	6	7	2	5
Familienhilfe	-	2	5	2	2
phys. Rehabilitation	-	2	2	1	2
Arbeitslosenprojekte	-	3	1	1	1
allgemeine Stellen (Informations- und Dokumentationsstellen)	6	2	-	-	1
Total	100	100	100	100	100

* Prozentanteile der an der Evaluation von SeitenWechsel beteiligten sozialen Institutionen

Abb. 13: *Vier Phasen der Entwicklung von SeitenWechsel als Übersicht über die beteiligten sozialen Institutionen*

	Pionierphase 5.95-2.96	Konsoli- dierung 3.96-3.00	Expansion 4.00-9.01	Diversifi- kation 10.01-12.02	Total
Teilnehmer aus der Wirtschaft					
Banken (SBV, UBS, u.a.)	100	67	65	43	61
Detailhandel (Migros, Manor)	-	18	16	18	17
Versicherungen (Winterthur, Basler)	-	15	11	2	9
Industrie (ABB, Micafil, Schindler)	-	-	3	14	5
Bundes-, kantonale und städtische Bereiche	-	-	5	11	4
Skyguide	-	-	-	12	4
Total	100	100	100	100	100

* Prozentanteile der an der Evaluation von SeitenWechsel Beteiligten aus der Wirtschaft

Drogen- und Suchtbereich, eine konstante Nachfrage auf. Einsätze im Asylbereich sind über die Zeit stark zurückgegangen und sind vor allem durch den Bereich der Psychiatrie und Sozialpsychiatrie ersetzt worden.

In der Pionierphase führen zwei Meilensteine weiter:

Von der persönlichen Erfahrung zum Nutzen für den Betrieb: Die Ersteinsätze

Eine Gruppe von Kaderleuten aus dem Schweizerischen Bankverein vollzog die erste Einsatzwoche und berichtete darüber in den Auswertungsgesprächen. Sie verblüfften durch die Vielseitigkeit und die Authentizität der persönlichen Erfahrungen. Wo bleibt der Nutzen für den Betrieb? SeitenWechsel war von Anfang an ein Projekt, das sich nicht auf eine persönliche Erfahrungsebene begrenzen wollte. Wesentlich war, den Nutzen für die Arbeitswelt und die Wirtschaftsunternehmen aufzuzeigen und zu stärken. Im Anfangsexperiment, in der Pionierphase, lag denn auch die Nutzenbewertung für die Banken noch zurück (Abbildung 14 [2]). Weit oben lag der persönliche Nutzen des Einsatzes. SeitenWechsel durfte zwar als reichhaltiges, einschneidendes persönliches Erlebnis beginnen, sollte aber nicht darin enden. Es waren Anstrengungen nötig, die möglichen und tatsächlichen Wirkungen auf die Unternehmen zum Thema zu machen, sie zu beschreiben und zu beeinflussen; diese Aufgabe ist seit dem ersten Experiment Daueraufgabe Nummer eins geblieben.

Die Ergebnisse zeigen eines deutlich. In den nachfolgenden Phasen bleibt der persönliche Nutzen am wichtigsten, aber zugleich steigt der Nutzen für den eigenen Betrieb in der Konsolidierungsphase an und verharrt bis heute auf dem erreichten Niveau.

Abb. 14: Die vier Phasen und der Nutzen für den Wirtschaftsbetrieb im Vergleich zum persönlichen Nutzen für die Kaderleute aus der Bank

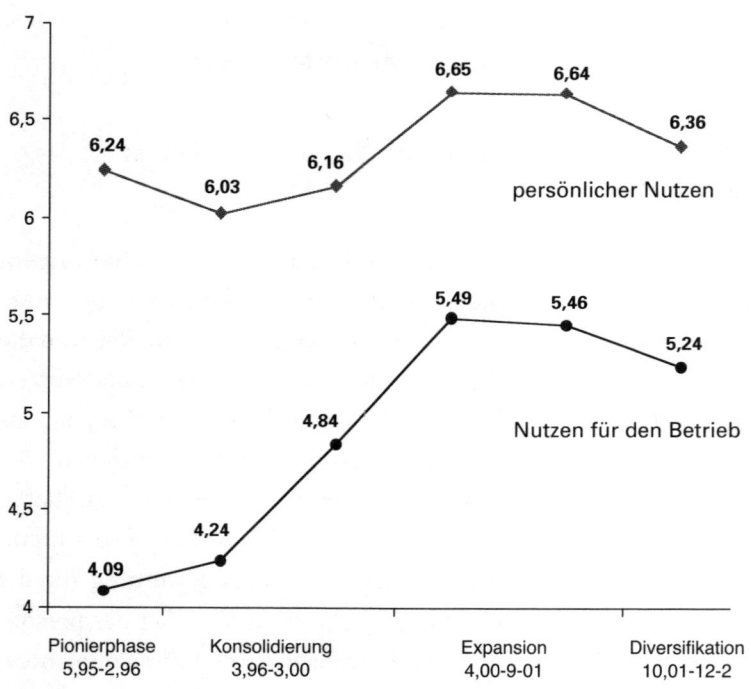

* Die aufgeführten Mittelwerte beruhen auf einer Skala zwischen 0 und 8.
Null bedeutet keinen Nutzen, mit der Note acht wird der höchste Nutzen ausgedrückt, die Zahlen dazwischen dienen zur Abstufung zwischen den beiden Polen.
Der Mittelwert ergibt sich aus der Summe aller Nennungen für einen Zeitpunkt dividiert durch die Anzahl der Nennungen pro Skalenwert.

SeitenWechsel und Öffentlichkeit

Der zweite Meilenstein der Pionierphase war die Idee, dass Seiten-Wechsel zu einer interessanten und nachgefragten Form von öffentlicher Kommunikation über Wirtschaft und soziale Welt werden kann. Der erste Presseapéro (1996) mit Stellungnahmen, Erfahrungsberichten Beteiligter, Ergebnissen und dem Newsletter stieß auf große Resonanz. Die Ursache für das seit dieser Zeit ungebrochene Interesse lag in der konkreten, authentischen Art, wie die Kluft zwischen den beiden Welten durch SeitenWechsel sichtbar wird.

Dieser Meilenstein markiert eine weitere Daueraufgabe. Seiten-Wechsel war in den Medien zu einem Fenster geworden, das die Öffentlichkeit für soziale Probleme im Spannungsfeld zwischen Wirtschaft und sozialen Institutionen sensibilisiert. Das Interesse am Thema war Anlass für einen Film (von Matthias von Gunten) und für ein Theaterstück, uraufgeführt in Deutschland. In den nachfolgenden Phasen war die Öffentlichkeitsarbeit gezielt zu steuern, um die Ziele des SeitenWechsels bekannt und transparent zu machen. Die Anliegen von SeitenWechsel liegen in einer Schnittstelle gesellschaftlicher Interessen. Deshalb hat die Öffentlichkeitsarbeit von SeitenWechsel eine aktive Form, die «passagen», entwickelt. Bei diesem Anlass, der dreimal im Jahr öffentlich stattfindet, treten zwei Persönlichkeiten aus Wirtschaft, Kultur oder Sozialwesen in ein persönliches Zwiegespräch zu aktuellen Fragen an der Schnittstelle der jeweiligen Welten. Damit wird der Grundgedanke der Begegnung von unterschiedlichen Welten in anderer Form weitergeführt.

In der Ausbau- und Konsolidierungsphase sind drei Meilensteine auszumachen, die für die weitere Entwicklung wesentlich waren.

Krisenerfahrung und soziale Verantwortung

Die ersten und nachfolgenden SeitenWechsler aus dem Schweizerischen Bankverein erfuhren die Unsicherheiten und Erschütterungen
durch die Fusion mit der UBS und die damit verbundenen Restrukturierungen. SeitenWechsel wurde in diesen krisenhaften Zeiten voll
weitergeführt. Wie wirken sich Krisenerfahrungen auf die Bedeutung
des SeitenWechsels aus? Wie Abbildung 15 zeigt, lagen in der Pionierphase die Ziele, die SeitenWechsel erreichen will, nahe beisammen –
mit Ausnahme der Funktion für die Ausbildung im Unternehmen. In
den nachfolgenden Zeitpunkten hingegen steigen die Ziele «Unternehmen beteiligen sich an der Lösung sozialer Probleme» und «Rentabilitätsdenken soll durch soziale Verantwortung ergänzt werden» sig-
nifikant an. Diese beiden gesellschaftspolitischen Ziele überflügeln das
individuelle Ziel, die «persönliche Erfahrung» in dieser Phase.

*Abb. 15: Die Ziele, die SeitenWechsel anstrebt, nach den vier Phasen ge-
gliedert*

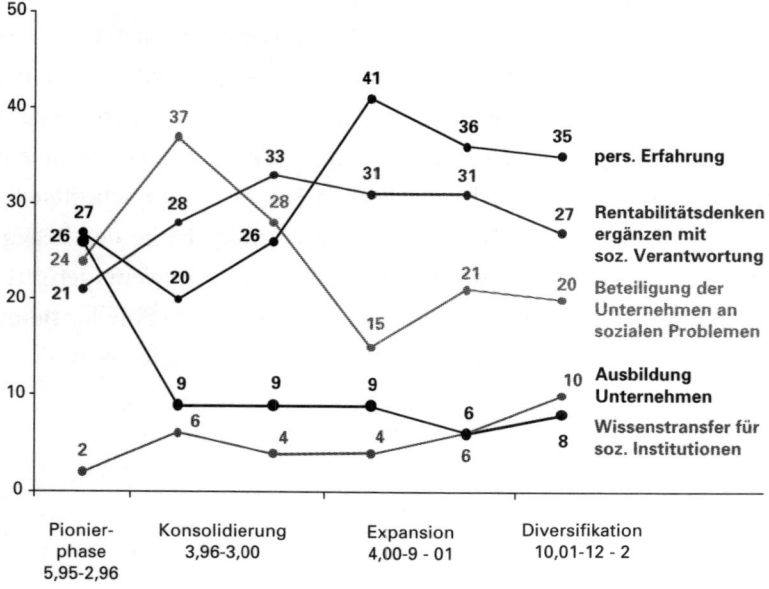

116

Soziale Institutionen stärken ihr Bild

Am Anfang war die Zielsetzung, die mit SeitenWechsel verbunden wurde, die Erwartung, dass die Kaderleute aus dem Wirtschaftssektor in erster Linie betriebswirtschaftliches Wissen in die sozialen Institutionen einbringen können. Wahrscheinlich waren die Krisenerfahrungen mit die Ursache dafür, dass diese Zielsetzung rapide abgesunken ist. Denn die SeitenWechsler erkannten umgekehrt in der sozialen Institution eine Wissensressource, die wahrgenommen und hoch gewertet wird. Das Beispiel einer Aussage muss genügen: «Es ist unglaublich, mit welcher Geduld man hier auf unvorhersehbare Situationen reagieren kann.»

Der Austausch zwischen den beiden Seiten lässt Vorurteile abbauen. Der Transfer von Wissen aus der Wirtschaft sinkt im Rang. Umgekehrt lernen die Kaderleute der Wirtschaft die speziellen Bedingungen und Kernfähigkeiten der sozialen Arbeit kennen. Die Ergebnisse zeigen, dass ein anderer Nutzengewinn für die sozialen Institutionen an die erste Stelle rückt: Die sozialen Institutionen entwickeln ein besseres Image, das via Berichterstattung in den Medien in die Öffentlichkeit gelangt.

Kontrasterfahrung und Kontrastlernen

Von Anfang an konnte man beobachten, dass die Kaderleute aus der Wirtschaft den starken Kontrast zu ihrer Welt suchten. Nachgefragt war das ganz Andere, soziale Institutionen, die einen Bruch zum eigenen Alltag versprechen. Das Erfahren und Lernen durch Kontraste wurde angestrebt. Die Abildungen 16 und 17 [4a/4b] bestätigen dies empirisch. Die sozialen Experten und die Teilnehmenden aus der Wirtschaft sind sich einig, dass man in Institutionen, die eine temporäre Intervention, Betreuung oder Überwachung verlangen, systematisch weniger positive Nutzenbewertungen zur Folge haben.

Diese Situationen umfassen beispielsweise Institutionen im Kinder- und Jugendbereich, Drogen- und Suchteinrichtungen, Strafvollzug, Gassenarbeit, Arbeitslosenprojekte und Familienhilfe. Diese Bereiche sind im eigenen Alltag noch erfahrbar, in ihnen ist Fachwissen und distanziertes Verhalten und Beobachten nachgefragt. Das Wissensmotiv über Abläufe und Hintergründe dominiert das Erfahrungsmotiv einer völlig anderen Welt.

Dies ist im Bereich «akute Krisen» umgekehrt. In Institutionen für diese Intervention (z.B. in psychiatrischen Einrichtungen) werden SeitenWechsler in der Erfahrung und emotional stark gefordert. Sie sind konfrontiert mit Extremsituationen, die jeden und jede betreffen können. Bemerkenswert ist, dass die SeitenWechsler aus dieser Gruppe von Institutionen den Nutzen für den eigenen Betrieb am höchsten einschätzen. Die akute Krise ist latent auch im eigenen Arbeitsalltag in versteckten oder frühen Stadien feststellbar.

Am höchsten wird der Nutzen in jenen Institutionen bewertet, in welchen die Bleibeperspektive vorherrscht. Die Klienten haben hier kaum mehr die Aussicht, außerhalb der geschlossenen Institution leben zu können. Dieser Kontrast erzeugt für die Klienten selbst und die sozialen Institutionen die positivsten Bewertungen. Die Präsenz des SeitenWechslers und seine Beteiligung an Betreuung und Kommunikation wird in dieser Situation zum Hauptnutzen. Auch weckt hier der SeitenWechsler bei den KlientInnen keine Ambitionen mehr, ins Arbeitsleben zurückkehren zu können oder zu wollen. Die Kommunikation wird ein Wert an sich, wie es im Film von Gunten treffend zum Ausdruck kommt.

Abb. 16/17: Nutzenbewertungen nach drei unterschiedlichen Typen von sozialen Institutionen

Teilnehmer aus der Wirtschaft

Teilnehmer aus sozialen Institutionen

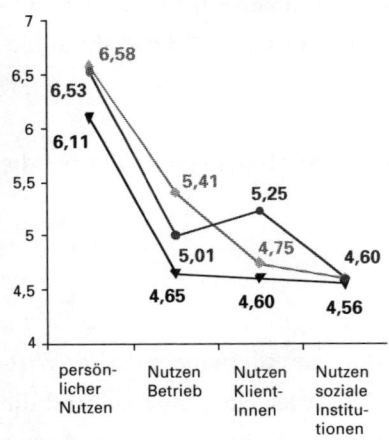

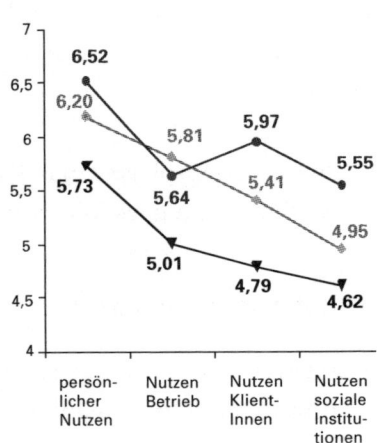

▼ temporäre Intervention
◈ akute Krise
● Bleibeperspektive

*) Die in Abb.17 aufgeführten sozialen Bereiche und Institutionen wurden nach situativen Bedingungen der KlientInnen und nach Interventionsformen der Institutionen zusammengefasst, z.B. im Kinder- und Jugendbereich, bei der Drogen- und Suchttherapie, im Asylbereich, Strafvollzug, Gassenarbeit, Arbeitslosenprojekten und Familienhilfe.
  • akute Krise, z.B. bei psychischen Erkrankungen und bei schweren körperlichen Unfällen. Rehabilitationszentren, psychiatrische Kliniken und sozialpsychiatrische Einrichtungen wurden in dieser Kategorie zusammengefasst.
  • Bleibeperspektive, z.B. Institutionen der Alterspflege, Behinderteneinrichtungen, Aidsprojekte und Institutionen, deren KlientInnen langfristig, teilweise bis an ihr Lebensende begleitet und betreut werden.

**) Die aufgeführten Mittelwerte beruhen auf einer Skala zwischen 0 und 8. Null bedeutet keinen Nutzen, mit der Note acht wird der höchste Nutzen ausgedrückt, die Zahlen dazwischen ermöglichen die Abstufung zwischen den beiden Polen. Der Mittelwert ergibt sich aus der Summe aller Nennungen für einen Bereich dividiert durch die Anzahl der Nennungen pro Skalenwert.

SeitenWechsel zeigt umso größeren Nutzen, je größer der Kontrast auf der anderen Seite erfahren wird. SeitenWechsel verflacht, wenn das institutionelle Umfeld auf der sozialen Seite zu nahe an die eigene Alltags- oder Betriebssituation heranrückt. In diesem Sinn ist SeitenWechsel in Abgrenzung zum corporate volunteering oder zum interorganisationellen oder interkulturellen Lernen auf soziale Institutionen angewiesen, welche anforderungsreiche Kontraste anbieten.

In der Expansionsphase sind es folgende Meilensteine, die für die weitere Entwicklung wichtig sind:

Kontrastierende Zeit-Räume

Im SeitenWechsel treffen zwei Zeit-Räume aufeinander. In der Wirtschaft nimmt die Beschleunigung der Arbeitsvorgänge zu, und die Ressourcen für soziale Kompetenzen und Verantwortung nehmen ab.

Die Zeitressource oder der «neue Zeitkrieg» schlägt sich in qualitativen und quantitativen Ergebnissen nieder. Im Ergebnis zeigt sich deutlich, dass SeitenWechsler in den letzten Phasen die Sozialpsychiatrie deutlich stärker nachfragen (Abb. 18). Hier finden sich häufig jene Situationen, die als «Stress» und «burn-out» im eigenen Betriebsalltag in den Frühsymptomen beobachtet oder vorausgeahnt werden. Die Erfahrung von SeitenWechsel schärft die Wahrnehmung des Zeitdilemmas, nämlich die Einsicht, dass für die Wahrnehmung von Kompetenz und Verantwortung Dauer und Präsenztiefe notwendig sind, die im Zeit-Raum der sozialen Arbeit zum «Kerngeschäft» gehören. – Das Gefühl «zu kurz» da zu sein, um dies in der sozialen Institution gründlich zu erfahren und auszutesten, liegt seit den Anfängen der Evaluation an der ersten Stelle der Kritik nach dem Einsatz.

Von diesem Meilenstein führt eine Aufgabe weiter: Wie kann

man den Zeit-Raum im unternehmerischen Arbeitsbereich gestalten, wenn die Zeit immer schneller und der Raum immer virtueller wird?

Nachfrage der SeitenWechsler nach sozialen Institutionen im psychiatrischen Bereich nach den Phasen*

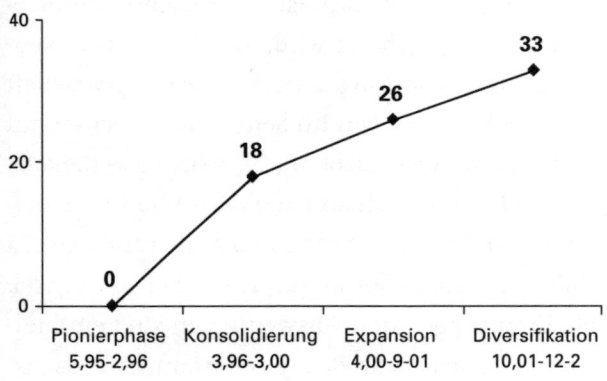

*) Prozentanteile im Vergleich zu den übrigen teilnehmenden sozialen Institutionen.

Abbildung 18

Unternehmen im gesellschaftlichen Umfeld

SeitenWechsel macht das Unternehmen an den Schnittstellen zur Gesellschaft erfahrbar und sichtbar und fördert neue Werthaltungen wie die soziale Verantwortung (Darstellung 15, S. 116). SeitenWechsel wird aus diesem Grund von wirtschafts- und gesellschaftspolitischen Kreisen und der Wissenschaft als Beitrag zur Debatte über Sozialpolitik und Ethik wahrgenommen, die seit Ende der Neunzigerjahre im Zusammenhang mit corporate citizenship, volunteering und social responsibility geführt wird. Die Frage, wie Neugestaltungen der Sozialverantwortung zwischen Staat, Wirtschaft und sozialem Sektor möglich sind, kommt beim SeitenWechsel mit ins Spiel, wie die Auswertungsgespräche und Erfahrungsprotokolle belegen. SeitenWechsel beteiligt sich an nationalen und internationalen Tagungen mit Ergebnissen und Einsichten zu dieser Frage. Zu dieser Nachfrage führte ein spezielles Merkmal von SeitenWechsel. Jeder Einsatz, seine Erfahrungen und Auswertungen sind ein individueller Beitrag zur Grundschicht des gemeinsamen Wissenssystems. Das Monitoring, empirische Beobachtungen und Interpretationen schaffen eine zweite Schicht; sie macht quantitative Dokumentationen und Analysen möglich. Dieses Wissen ist die Quelle für die Kontakt- und Netzwerkarbeit unter den Beteiligten und für die Kommunikation nach außen.

In der Phase Diversifikation sind zwei Meilensteine für die weitere Entwicklung entscheidend:

Branchenffekte

Die Ausdehnung auf verschiedene Branchen und Sektoren aus dem Unternehmensbereich ermöglicht, branchenspezifische Unterschiede der Wirkungen von SeitenWechsel festzustellen. Darstellung 19 zeigt die Nutzeneinstufungen für jene beteiligten Gruppen beim SeitenWechsel, die sich deutlich unterscheiden.

Abb. 19: Die drei Wirtschaftsbranchen mit den größten Unterschieden in der Bewertung des Nutzens

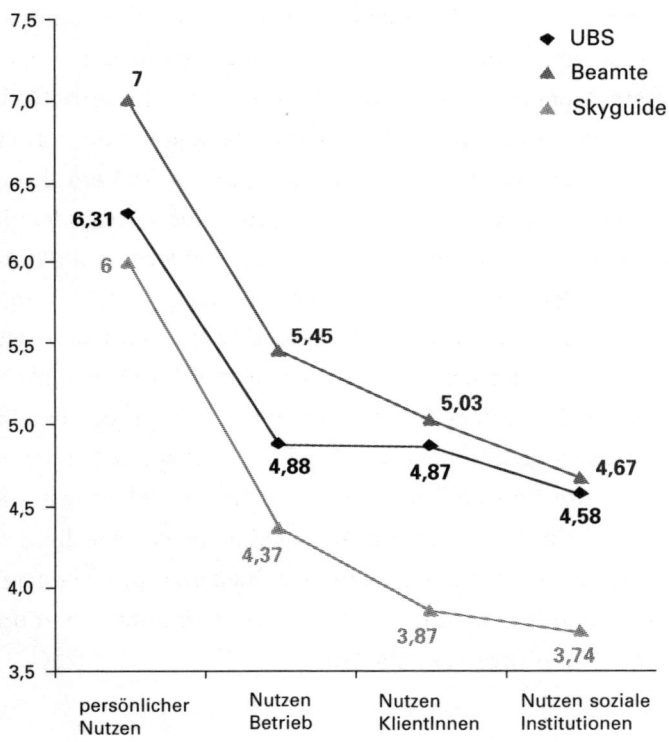

Die aufgeführten Mittelwerte beruhen auf einer Skala zwischen 0 und 8. Null bedeutet keinen Nutzen, mit der Note acht wird der höchste Nutzen ausgedrückt, die Zahlen dazwischen ermöglichen die Abstufung zwischen den beiden Polen. Der Mittelwert ergibt sich aus der Summe aller Nennungen für einen Bereich dividiert durch die Anzahl der Nennungen pro Skalenwert.

Es zeichnet sich klar ab, dass die Kaderleute aus der öffentlichen Verwaltung, von Bund, Kanton und Städten, den Nutzen am höchsten einschätzen. Die Hintergründe für diesen Trend sind abzuklären. Eine Hypothese aus den Auswertungsgesprächen ist dennoch angebracht: Wahrscheinlich sehen die Kaderleute aus der Verwaltung größere Möglichkeiten für die persönliche und betriebliche Umsetzung sowie im Umgang mit Kunden. Die Kaderleute aus dem Bankensektor liegen systematisch tiefer als jene aus der Verwaltung. Bedeutend tiefer liegen die Wertungen der Gruppe «Skyguide». Ist der persönliche Nutzen auch bei ihnen noch relativ hoch, sinkt der Nutzen für den Betrieb, die Klienten und die sozialen Institutionen massiv. Es ist offensichtlich, dass der spezielle Zeit-Raum, den diese Gruppe im Bereich Flugsicherung zu bewältigen hat, sich extrem von den anderen beiden unterscheidet. Die Umsetzbarkeit des persönlichen Erlebnisses in diesen Arbeits- und Unternehmensbereich ist im Vergleich zum Verwaltungs-, aber auch Bankensektor sehr viel tiefer. Die Diversifikation ist ein markanter Meilenstein, wie diese Ergebnisse zeigen. Der Beizug extrem verschiedener Branchen verlangt, sie in Zukunft individueller und gezielter einzubeziehen und spezielle Nachbereitungen anzubieten.

SeitenWechsel in die Wirtschaft

Der SeitenWechsel in die Wirtschaft setzte im Jahr 2002 einen Meilenstein. Erstmals ging in jenem Jahr eine Pioniergruppe aus sozialen Institutionen in ein Wirtschaftsunternehmen. Die ersten Trends ergeben, dass die sozialen Kaderleute im Wirtschaftsunternehmen zwei Lernprozesse vollziehen. Sie lernen die Stärken der sozialen Institution kennen, und/oder sie erkennen Schwächen in der eigenen sozialen Institution. Es zeichnet sich ab, dass das Spektrum von Lernmöglichkeiten in diesem wechselseitigen Austausch vielfältig ist (vgl. S. 159). Wesentlich für die kommende Entwicklung ist, dass der

SeitenWechsel in die Wirtschaft rationale wie emotionale Ebenen ins Spiel bringt. Der SeitenWechsel von der sozialen Institution ins Unternehmen schließt die Kommunikationskette ab, die mit dem SeitenWechsel aus der Wirtschaft eingeleitet wurde. Dadurch verstärkt der SeitenWechsel in die Wirtschaft durch die Erinnerungsbrücke auch jenen von der Wirtschaft in die sozialen Institutionen.

Erinnerung und Gedächtniseffekte

Unbestritten ist die weiche Form eines Erinnerungseffekts, wie er zum Beispiel geäussert wurde: «Immer, wenn etwas Ungewöhnliches passiert, springt bei mir der Erinnerungsfunke.» Der quantitative und objektive Nachweis der langfristigen Wirkungen ist aber schwierig. Bereits zwei Jahre nach den ersten Einsätzen zeigte eine qualitative Befragung bei der Pioniergruppe, dass die längerfristige Wirkung als eine Art Trichter (trickle down) beschrieben werden kann: Im persönlichen Bereich bleiben nachhaltige Wirkungen fast bei allen erhalten (über zwei Jahre). Darin eingeschlossen ist der private Bekannten- und Kommunikationskreis. In der Arbeitsbiografie und im Arbeitsumfeld ist es noch etwa knapp die Hälfte, die längerfristige Wirkungen bei sich wahrnimmt. In der Abteilung des Unternehmens bzw. im Unternehmen nimmt die Zahl der Optimisten ab. Die überwiegende Mehrheit meint, dass hier – im Mesobereich – kaum langfristige Wirkungen möglich sind.

In den Nachbefragungen über Langzeitwirkungen wird sichtbar, wie SeitenWechsel Widersprüchliches zutage fördert. Die Einsicht in die andere soziale Kompetenz oder Verantwortung öffnet den Blick für die Grenzen in großen Unternehmen: die dominanten Effizienz- und Gewinnziele stellen den Spielraum für soziale Verantwortung in Frage. Die Untersuchung der längerfristigen Wirkungen von Seiten-Wechsel ist eine wichtige Aufgabe für die nächste Periode.

Fördert SeitenWechsel ein gemeinsames Gedächtnis? Die Beteiligung an einem Einsatz ist keine Einzelerfahrung, sondern schafft eine gemeinsame Erfahrung sowohl für die Beteiligten eines Unternehmens als auch zwischen den beiden Seiten der Gesellschaft, der Wirtschaft und dem sozialen Sektor. Es zeigt sich klar, dass bei jenen, die SeitenWechsel als Unternehmenstradition kontinuierlich vollziehen, sich die Wertungen annähern (Darstellungen 20 und 21). Es entsteht ein gemeinsamer Konsens, was SeitenWechsel bedeutet und bewirkt. Ebenso nähern jene Gruppen ihre Urteile gegenseitig an, die den SeitenWechsel gemeinsam erfahren haben (Darstellung 22). Zwischen den betreffenden Personen aus der Wirtschaft und der sozialen Institution bildet sich ein gemeinsames Wissen und Werturteil heraus. Dieses kollektive Erfahrungs- und Wissenspotential ist für die kommende Entwicklung das Kapital, um die Wirkungen für beide Seiten gezielt zu verstärken.

Nutzenbewertungen im Vergleich

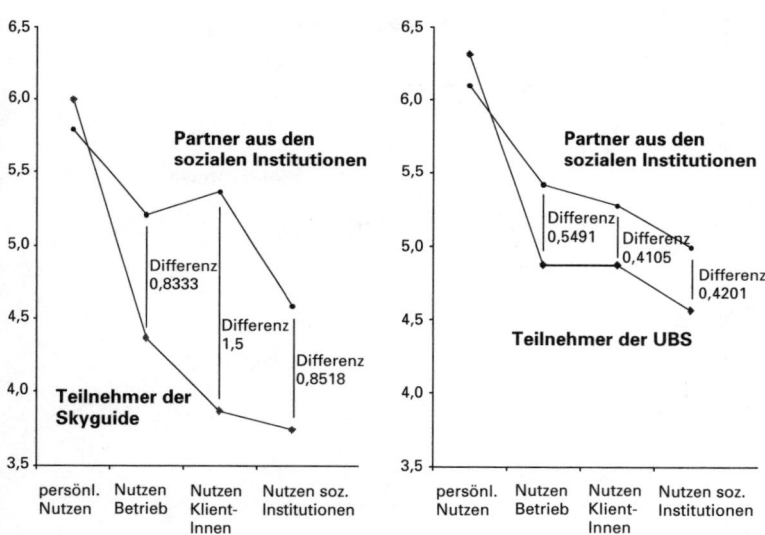

Teilnehmer von Skyguide und begleitende Fachleute der sozialen Institutionen

Teilnehmer der UBS und begleitende Fachleute der sozialen Institutionen

Abbildung 20/21

Die Nutzenbewertungen zwischen den Partnern aus den sozialen Institutionen und der Wirtschaft nähern sich mit der Zeit an: Es bildet sich ein gemeinsames Gedächtnis. Die Differenzen zwischen den Nutzenbewertungen sind ein Maß für Dissens. Dieser ist bei den SeitenWechseln aus der UBS bedeutend geringer als bei den SeitenWechseln mit der Skyguide. Im ersten Fall hat der SeitenWechsel eine Verankerung im Betrieb, im zweiten Fall steht der SeitenWechsel am Anfang. Ein Gedächtnis hat sich noch nicht gebildet. Dieser Unterschied ist im Vergleich zwischen Deutschland und der Schweiz zentral. In Deutschland ist der Dissens zwischen Sozialen und SeitenWechslern enorm höher als in der Schweiz. SeitenWechsel erfolgt denn auch in Deutschland erstens noch nicht mit Kontinuität und zweitens eher individuell (vgl. Seite 55).

127

Nutzenbewertungen im Vergleich –
Teilnehmer der UBS und begleitende Fachleute nach Zeitphasen

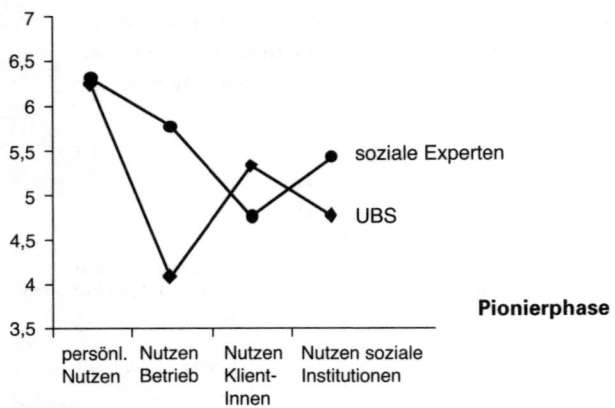

Pionierphase

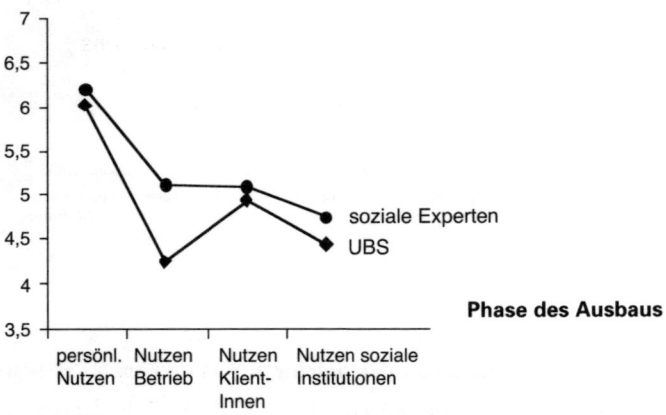

Phase des Ausbaus

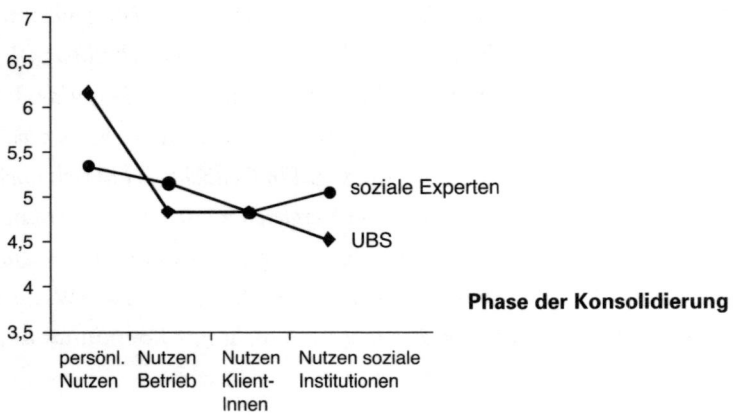

Phase der Konsolidierung

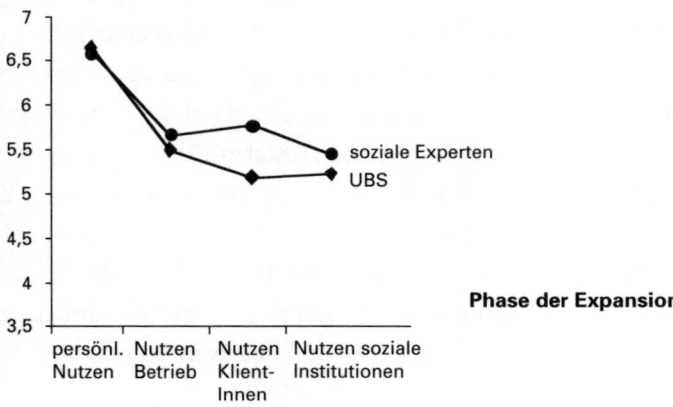

Phase der Expansion

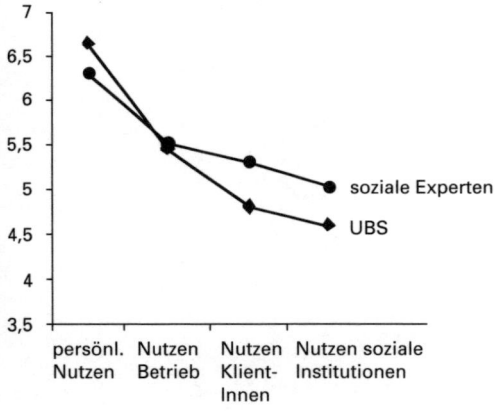

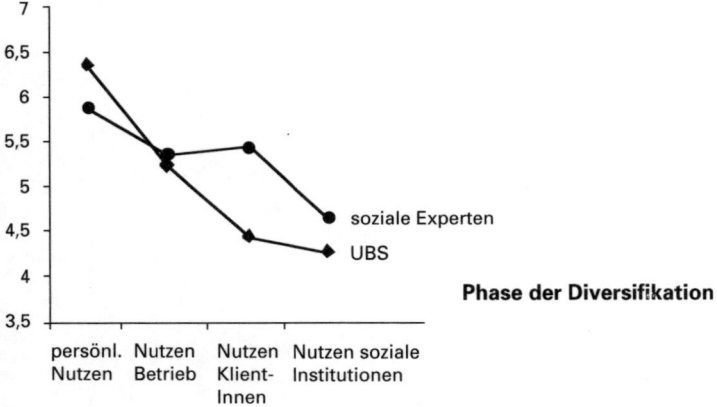

Phase der Diversifikation

Die Evaluation zeigt, dass hier der wichtigste Unterschied zwischen SeitenWechsel in der Schweiz und in Deutschland liegt. Die Differenzen der Nutzeneinstufungen und der Zielprioritäten zwischen den sozialen Institutionen und den Beteiligten aus den Unternehmen sind in Deutschland wesentlich größer als in der Schweiz (vgl. dazu S. 52). Dies ist auf zwei Gründe zurückzuführen: In Deutschland verläuft der SeitenWechsel von Anfang an auf individueller Basis. Der Zeitraum ist noch zu kurz, um Wirkungen auf ein gemeinsames Gedächtnis zu erzielen. Die Schritte, die SeitenWechsel als gemeinsames Erfahren, Auswerten und Erinnern kontinuierlich entwickeln, sind wesentliche Bausteine von SeitenWechsel.

«Doch nicht alles so harmlos!»

Erfahrungsbericht von Christian Schulze, Bankmanager, Hamburg
Einsatz im Wohnhaus für Kinder und Jugendliche

Es ist schon ein mulmiges Gefühl, die Sicherheit des Alltäglichen hinter sich und sich als Leiter einer Niederlassung einer Bank in Hamburg auf etwas völlig Anderes, Neues, Unbekanntes einzulassen.

«Angewärmt» wurde mein Thema über eine Einladung zu einer «Dienstbesprechung» mit den Betreuern der Einrichtung ca. vier Wochen vor dem eigentlichen Start des «SeitenWechsels». Wir haben uns gegenseitig vorgestellt, ich habe meinen Wochenverlauf mitgeplant und habe ein bisschen über das erfahren, was ich denn da machen soll, darf, kann.

Das Wohnhaus für Kinder und Jugendliche in einem Hamburger «Problemstadtteil» kümmert sich um sieben Kinder und Jugendliche im Alter von 6 bis 18 Jahren,

- die massive Konflikte im Elternhaus haben, die dort nicht mehr gelöst werden können.
- die vernachlässigt wurden,
- die psychischen und/oder physischen Missbrauch erlebt haben.

Das Angebot des Wohnhauses ist darauf angelegt, eine dauerhafte Fremdunterbringung möglichst zu vermeiden, den Kindern und Jugendlichen ihr vertrautes Umfeld zu erhalten, die Eltern und Geschwister in die pädagogische Arbeit mit einzubinden und damit für die verschiedensten Ausgangslagen flexible Betreuungsformen zu entwickeln.

Nach einem unruhigen Wochenende ist mein erster Tag im Wohnhaus: alle Kinder und Jugendlichen in der Schule, zwei Betreuer vor Ort; einer ziemlich müde, nach einer Schicht von 25 Stunden, aber einer ruhigen Nacht, der zweite Betreuer gut drauf: den Dienst nicht alleine machen, sondern da ist ja jetzt der SeitenWechsler. Was nehmen wir uns heute vor? Die Kids kommen so gegen eins, dann gibts Mittag (von der Hauswirtschafterin), dann Schulaufgaben, und dann??

Als Projekt für diese Woche haben wir uns vorgenommen, zusammen mit den Kindern im Garten des Hauses einen Grillplatz anzulegen; also fangen wir an: Betreuer und SeitenWechsler jäten Unkraut, die Kinder machen erst einmal Hausaufgaben, die beiden machen weiter, dann und wann kommt eins der Kinder vorbei, fragt: «Wer ist denn das?» «Das ist der Seitenwechsler, der bleibt eine Woche bei uns, hilft hier und da, habe ich euch doch erzählt.»

Die Kids haben dann plötzlich Lust mitzumachen, helfen, jäten, mähen den Rasen, besorgen Steine für den Grillplatz aus dem hinteren Teil des Gartens. Nachdem das Unkraut weg ist, wird noch Grassamen eingestreut, und dann beginnt die Wasserschlauchparty! Erst natürlich der Rasen, dann aber alles, was sonst noch so rumsteht und -läuft.

Irgendwie sind beim Abendessen alle ziemlich kaputt, es wird noch geredet, gelacht, gestritten, und dann ist er auch schon um, der erste Tag.

Da sitze ich im Auto auf dem Weg nach Hause: körperlich gearbeitet, etwas rissige Hände und denke: Das sind doch ganz normale Kinder! Was habe ich mir vorher nur für Gedanken gemacht?

Der nächste Tag geht dann so los, wie beim ersten Mal, es erfolgt erst einmal die Übergabe: Was war los nachts? Nichts!

Wer hat angerufen? Die Schule: F. hat rote Augen, die Nase läuft, und die Lehrerin überlegt, ob sie ihn nach Hause schicken soll. Wahrscheinlich Allergie. Sonst etwas? Nee, nichts Erzählenswertes (wird aber per PC trotzdem alles protokolliert). Für F. wird erst einmal der passende Arzt gesucht. Und dann die Krankenscheine: Da F. aus einem Flüchtlingsland kommt, ist das irgendwie ganz anders: Man braucht wirklich nicht Krankenscheine, eine Chipkarte gibt es da nicht.

Wachablösung: Der Betreuer ist ein Student, der für das Lehramt studiert und nebenbei im Wohnhaus arbeitet, um sein Studium zu finanzieren («Für Pädagogen rund um die Uhr reicht das Geld nicht.»). H. kommt aber mit den Kindern und Jugendlichen super zurecht, es funktioniert einfach – nachmittags ab in den Garten, Grillplatz fertig bauen. Weil alle so toll geholfen haben und weil es so warm ist, wollen zwei Jungs zum Tretbootfahren auf die Alster. M. hat sich mit Klassenkameraden im Schwimmbad verabschiedet, und F. liegt mit Allergie im verdunkelten Zimmer.

Also los: Mit den beiden Jungs auf die Binnenalster und zwei Stunden Tretboot fahren: Langsam tauen sie auf und erzählen, auch über die Familie: Bei der Trennung der Eltern hat die Mutter die jüngeren Kinder (3) mitgenommen, die älteren (3) sind beim Vater geblieben. Die beiden Jungs (10 und 11 Jahre) waren «über». Sie geben sich gegenseitig Halt, aber die Familie fehlt ihnen doch. Ab und zu kommt die Mutter auch zu Besuch.

Abends war dann gemeinsames Abendessen, Fernsehen und ein bisschen Internetsurfen mit den Jugendlichen: Mit einer unglaublichen Geschwindigkeit bewegen die beiden Mädchen sich im Netz: L. hat Kontakte zu einem russischen Chatroom und kann stundenlang Mails und Chatbeiträge schreiben (alles Russisch; keine Ahnung, was da eigentlich abgeht). Aber nach einer Stunde ist es dann vorbei. Sie könnte allerdings noch weitermachen, aber Regeln sind auch im Wohnhaus dazu da, um eingehalten zu werden.

Jetzt kommen auch die ersten Fragen: «Was machst du denn sonst so? Wie ist das denn auf der Bank? Ist der Job denn spannend?»

Nach einer ruhigen Nacht auf der Luftmatratze im Schlafsack geht es morgens gleich wieder los: Frühstück und ab in die Schule.

Der Student und ich müssen dann auch feststellen, dass N. die ganze Nacht nicht im Haus war. Sie hat sich gestern Abend zu einer Freundin abgemeldet, wollte um 23.00 Uhr wieder da sein. H. bleibt ganz ruhig: «Das kommt mal vor, sie ist ja schon über 16, da können wir nicht so viel machen; meistens gehen sie dann in die Schule und tauchen danach wieder auf.» Bei der Übergabe wird es protokolliert, die Lehrerin hat auch schon angerufen, ob N. krank wäre, denn in der Schule ist sie nicht. Beide Betreuer bleiben bei der Dienstübergabe immer noch ruhig: «N. hat mit 13 vier Monate auf der Straße gelebt, was da so alles passiert ist, wissen wir auch nicht so genau ...» und: «Es gibt einen neun Jahre älteren Bruder, der ist ziemlich eifersüchtig(?), dem passt es auch nicht so richtig, dass sie hier lebt; wahrscheinlich ist sie da.» Ich fahre nach 25 Stunden Dienst nach Hause und denke: doch nicht alles so harmlos?

Die folgenden Tage laufen nach einem ähnlichen Schema ab: Morgens sind die Kinder in der Schule, dann gibt es Mittagessen, danach Hausaufgaben, manchmal kommen Schulfreunde vorbei, und abends geht es nach gemeinsamem Abendessen ins Bett. Die Jugendlichen werden jetzt schon konkreter mit den Fragen: «Warum machst du das denn überhaupt? Macht das Spaß? Wie wird man den Banker? Wie bist du denn zu dem Beruf gekommen?» Aber ich frage auch: «Wie stellt ihr euch denn eure Zukunft vor? Was wollt ihr denn mal machen?» «Mal sehen, erst mal Schule ...» und dann: «Weiß noch nicht: aber Arbeit muss doch Spaß machen, in Praktika haben wir ja manches gesehen, aber ...»

Auch die Gespräche mit den Betreuern sind spannend: «Es ist gar nicht so wichtig, wie gut oder schlecht M. in der Schule ist; wichtig ist erst mal, dass sie regelmäßig hingeht, dass sie sich in der Klasse behauptet und nicht die Flinte ins Korn wirft; das andere bekommen wir im Laufe der Zeit schon hin.»

Freitagabend ist dann Einweihung des Grillplatzes mit großer Grillfete. Alle sind plötzlich gleichzeitig da, das Lagerfeuer brennt, und irgendwie ist die Stimmung locker: «Was machen wir denn am Wochenende?» Der Vorschlag, Sonntag in den Heidepark zu fahren, begeistert die Jüngeren, die Älteren finden es langweilig (der Ausdruck war aber anders). Sonntags fahren wir dann zu zweit mit sechs Kindern in den Heidepark und können die Kids toben lassen, müssen (wollen) aber teilweise auch mitmachen.

Und schon ist der letzte Tag: Zeit für das Feedbackgespräch: Super interessant und aufschlussreich, aber nicht einseitig, sondern beide Seiten haben in dieser Woche voneinander gelernt und können aus den Bereichen des Anderen etwas mitnehmen.

Auf der Heimfahrt sind alle müde und kaputt, aber plötzlich kommt gereizte Stimmung auf: M. ist sauer, warum weiß keiner so genau, sie fängt Streit an, der sich auch bis zum Wohnhaus nicht wieder löst; also einer kümmert sich um M., ich kenne mich ja jetzt schon aus: die Horde mit Abendessen versorgen und ins Bett bringen. Sonntagabend um elf endete damit eine spannende Woche.

Und das Fazit:

Führungskräfte wie ich können lernen, wie andere Arbeitswelten aussehen; Betreuer, die den ganzen Tag nur Kaffee trinken und auf sieben Kinder aufpassen, das ist doch kein schwerer Job? Wieso war ich nach einer Woche nur so kaputt?

Nähe und Distanz, Führungseigenschaften, die in meinem täglichen Berufsleben eine Rolle spielen, finde ich dort genauso wieder.

Und ich habe gelernt, Vorurteile abzubauen: Der Satz aus Zeitungen, «der kann da ja nichts zu, der hatte eine schwere Kindheit und ein schlimmes Milieu» habe ich vorher abgelehnt; jetzt denke ich zumindest anders darüber: Es ist unglaublich, was Eltern ihren Kindern antun können und antun.

Die Erfahrungen, die ich erlebt habe, waren das intensivste «Führungsseminar», an dem ich je teilgenommen habe, aber das Gelernte in konkrete, genormte Sätze zu fassen, den Mehrwert anhand von Zielen, Leitlinien oder Zielerreichung zu definieren, fällt mir schwer.

Ich kann jeder Führungskraft nur empfehlen, den SeitenWechsel mitzumachen, sich überraschen zu lassen, was auf ihn/sie zukommt und einfach nur: Lernen.

Lernen in anderen Arbeitswelten

Tony Ettlin, Mitglied der SGG-Kommission SeitenWechsel

Der SeitenWechsel nimmt für sich in Anspruch, «eine andere Art von Weiterbildung für Führungskräfte» zu sein. Er geht von der Annahme aus, dass der einwöchige Einsatz in einer sozialen Institution einen Lernprozess in Gang setzt, der sich von anderen Formen des Lernens unterscheidet. Der Hauptauslöser dieses Lernvorgangs ist die Konfrontation mit einer anderen Arbeitswelt. Ähnlich wie bei einer Reise in einen anderen Kulturraum soll das Fremde, Ungewohnte zum Vergleich und zur Reflexion über die eigene Welt anregen. Wenn der oder die SeitenWechslerIn durch die Erfahrungen dieser Woche ihre oder seine Art, die Welt zu sehen und zu gestalten, etwas besser kennen lernt oder kritisch hinterfragt, ist ein wesentliches Ziel des SeitenWechsels erreicht. Im SeitenWechsel steckt aber mehr. Nach den Vorstellungen der «Erfinder» bietet der Einsatz Lernmöglichkeiten auf den verschiedensten Ebenen. Diese Erwartung wird durch die Rückmeldungen der SeitenWechslerInnen immer wieder bestätigt (siehe Auswertungsergebnisse «Was bewirkt der SeitenWechsel», Seite 84 ff.).

Der Lernprozess

Der Lernprozess lässt sich in mehrere Stufen unterteilen:
1. die Konfrontation mit dem «Auftrag», einen SeitenWechsel zu absolvieren;
2. die Wahl der sozialen Institution;
3. der Erstkontakt, die Zielvereinbarung;
4. das emotionale Erlebnis der Woche und die kognitive Verarbeitung des Erlebten, Gesehenen, Gehörten;
5. der Vergleich mit der eigenen Welt;

6. die Auswertung der gemachten Erfahrungen;
7. der Transfer in die eigene Welt.

Bei jedem dieser Schritte passiert eine Auseinandersetzung auf der emotionalen und kognitiven Ebene. Damit von einem nachhaltigen Lernprozess gesprochen werden kann, müssen aber ein paar Bedingungen erfüllt sein. «Echtes Lernen» soll eine Veränderung der Werte und Einstellungen bewirken, die sich in einem veränderten Denken und Verhalten zeigt. Diese Bedingungen wollen wir anhand der einzelnen Schritte im Lernprozess untersuchen.

1. Die Konfrontation mit dem «Auftrag», einen SeitenWechsel zu absolvieren

Schon am Anfang des Prozesses gibt es zwei grundsätzlich verschiedene Ausgangssituationen: Entscheidet sich der oder die Seiten-WechslerIn auf freiwilliger Basis für einen SeitenWechsel, oder ist es Bestandteil einer obligatorischen Bildungsmassnahme?

Spontan spricht viel für die Freiwilligkeit. Die Motivation und die Offenheit für eine Lernerfahrung scheint größer, als wenn die Teilnehmenden verpflichtet wären, einen SeitenWechsel zu machen. Dabei muss man allerdings drei Formen unterscheiden:
- freiwilliger Entscheid aufgrund eines frei wählbaren Angebots;
- verordnet als Einzelmaßnahme;
- integrierter Bestandteil eines Management-Entwicklungsprogramms.

Während der Motivationsunterschied beim Vergleich zwischen den Varianten «freiwillig» und «verordnet» offensichtlich ist und vermutlich zu ganz unterschiedlichen Ergebnissen führt, ist er bei «freiwillig» versus «integriert» nicht mehr so klar. Teilnehmende, die sich freiwillig entscheiden, stehen der Idee eines Sozialeinsatzes positiv gegenüber. «Ich will das machen, weil ich es sinnvoll finde. Ich verspreche mir eine interessante Erfahrung, die mir den Horizont weitet. Ich kann und will auf diesem Gebiet etwas lernen.» Freiwillige sind «Überzeugungstäter». Sie kommen aus dem Lager der Befürworter. Nur vereinzelt ist die Motivation eine kritische Skepsis: «Ich weiß nicht, ob das etwas bringt, aber ich will es selber erfahren.»

Bei den Teilnehmenden, die den SeitenWechsel als integrierten Bestandteil eines Management-Entwicklungsprogramms absolvieren (müssen), ist die Motivationslage unterschiedlich. Es gibt drei markante Grundeinstellungen:

– Begeisterung und volle Akzeptanz: «Ich würde den SeitenWechsel auch freiwillig machen»;

– Akzeptanz als Teil des Lehrgangs: «Ich habe mich für den Lehrgang entschieden, weil ich weiterkommen will. Ich akzeptiere den SeitenWechsel als Bestandteil dieses Programms»;

– Skepsis oder Ablehnung: «Ich sehe den Wert dieses Programmteils (noch) nicht, mache ihn aber, weil ich das Management-Entwicklungsprogramm absolvieren will.»

Aus den Vorbereitungs- und Auswertungsgesprächen geht hervor, dass die Mehrzahl der Teilnehmenden in den ersten beiden Kategorien einzureihen sind. Mit der Information über die Ziele und den Verlauf des SeitenWechsels beginnt ein interessanter Prozess: Die «Begeisterten» werden etwas nachdenklicher, vorsichtiger. Die ursprünglich vorbehaltlose Akzeptanz weicht einer differenzierteren, vorsichtigen Erwartungshaltung. Viele realisieren, dass der bevorstehende Einsatz auch seine Tücken hat. Immerhin wird die eigene Werthaltung einer Prüfung unterzogen, und wer weiß schon, welche versteckten Vorurteile oder unpopulären Werthaltungen aufgedeckt werden könnten? Auch das Bewusstsein, dass man an psychische und physische Grenzen stoßen könnte, dämpft den ursprünglichen Optimismus. Vor allem aber beschäftigt die Frage: «Welche Auswirkungen wird diese Erfahrung auf mein Leben danach haben?», plötzlich die Gemüter der positiv Eingestellten.

Die Skeptiker kommen aus der anderen Richtung. Die Information beantwortet einige ihrer Fragen. Sie können sich von der Sorgfältigkeit der Übungsanlage überzeugen und beginnen, dem Ganzen einen positiven Aspekt abzugewinnen. «Wenn es schon sein muss, mache ich das Beste daraus.» Die meisten bewahren aber eine kritische Distanz, die sie vor unerwünschten Erfahrungen schützen soll. Oft wird das als «die Freiheit, selbst zu entscheiden, «... wie weit ich gehen will», beschrieben.

2. Die Wahl der sozialen Institution

Am Einführungstag wird der nächste Annäherungsschritt gemacht. Bei einer Teilnehmergruppe von 15 Personen stellen sich ca. 20 soziale Institutionen vor. In einer Marktplatz-Situation können die TeilnehmerInnen mit den verschiedenen Anbietern Kontakt aufnehmen und sich schließlich für eine Institution entscheiden. Der Auswahlprozess verläuft bei den meisten zwischen zwei Polen: Soll ich mich für die Institution entscheiden,
– die für mich die größte Herausforderung darstellt, weil sie mir unbekannt, fremd, unangenehm, bedrohlich ist, oder
– die mir am nächsten liegt, weil sie mir vertraut, sympathisch, sinnvoll, attraktiv erscheint?

Eine Reflexion über das ausschlaggebende Motiv ist Teil der Auswertung am Schluss des Einführungstages.

Neben der Art der Präsentation und den persönlichen Sympathien für die Vertreterinnen und Vertreter der Institutionen wird oft «die größte Herausforderung» als Motiv genannt (vergleiche «Kontrasterfahrung und Kontrastlernen», Seite 117). Diese Reflexion über die eigenen Motive ist ein weiterer Lernschritt: «Wodurch lasse ich mich in einer solchen Entscheidungssituation leiten? Wie mutig verhalte ich mich? Wie stark lasse ich mich von andern beeinflussen? Suche ich das Abenteuer, die Konfrontation, oder wähle ich den Weg des geringsten Widerstands?» Fragen, die auch für die Führungsarbeit von zentraler Bedeutung sind.

Insgesamt kann nach dem Einführungstag eine Annäherung zwischen den «Begeisterten» und den «Skeptikern» festgestellt werden. Die Entscheidung für eine Institution fokussiert auf eine konkrete Erfahrung, die die Teilnehmenden selbst gewählt haben und reduziert die diffusen Ängste und Vorstellungen auf ein greifbares und handhabbares Maß. Auch in der Reflexion dieses Vorgangs liegt Lernpotenzial: «Wie viel Unsicherheit ertrage ich? Warum bin ich erleichtert, wenn ich mich entschieden habe? Warum freue ich mich jetzt auf etwas, das mir vorher ein mulmiges Gefühl bereitet hatte?» Rückschlüsse auf die Führungspraxis sind erlaubt.

3. Der Erstkontakt, die Zielvereinbarung

Am ersten Tag der SeitenWechsel-Woche bestimmen der/die SeitenWechslerIn und der/die BetreuerIn die gemeinsamen und individuellen Ziele. Sie verwenden dazu das strukturierte Instrument «login/log-off». Eine Auswertung von 47 Zielvereinbarungsgesprächen ergab Unterschiede in der Gewichtung der Zielkategorien. Während die sozialen Institutionen die kognitiven Lernerfahrungen wie «Einblick und Wissen über die andere Seite gewinnen» ins Zentrum stellen, legen die SeitenWechsler das Hauptgewicht auf die sozialen Erfahrungen durch Beteiligung. Die persönliche Horizonterweiterung wird von beiden Seiten als zweitrangig taxiert. Dies erstaunt im Vergleich zu den Schlussauswertungen, wo die persönliche Horizonterweiterung hoch bewertet wird (vergleiche Auswertungsresultate im Teil 2, Seite 24 ff.).

Der Zielvereinbarungsprozess ist ein entscheidendes Merkmal, das den SeitenWechsel von einem Sozialeinsatz unterscheidet. Durch das bewusste Formulieren der individuellen und gemeinsamen Ziele wird der Fokus auf das Lernen gerichtet und ermöglicht eine entsprechende Auswertung am Ende des Einsatzes.

4. Das emotionale Erlebnis der Woche und die kognitive Verarbeitung des Erlebten, Gesehenen, Gehörten

Der emotionale Prozess, den die Teilnehmenden während ihrer Einsatzwoche durchlaufen, lässt sich schwer beschreiben. Er kommt am besten in einzelnen Aussagen von Teilnehmenden in ihren Journalen zum Ausdruck:

- «Es ist wirklich ein SeitenWechsel – eine komplett andere Welt. Die Kinder bestimmen das Programm. Oft habe ich das Gefühl, etwas falsch zu machen. Ich erlebe eine gewisse Hilflosigkeit.»
- «3. Tag: sehr müde. Konnte bis 3 Uhr nicht einschlafen. Erkenntnis: Es kann jederzeit auch mich treffen.»
- «Journée pleine d'emotions où j'ai dû (ré)apprendre d'être patient.»
- «Eine Woche lang bewusst die Schattenseiten des Lebens miterleben ...»
- «Je garde de cette expérience très enrichissante un maître-mot: Amitié!»

Die SeitenWechsel-Erfahrung löst emotionale Betroffenheit aus. Das steht außer Zweifel. Wie kann erreicht werden, dass es nicht nur bei einer eindrücklichen emotionalen Erfahrung bleibt? Das Ziel ist ja, die gemachten Erfahrungen zur Förderung der sozialen Kompetenz zu nutzen. Dazu braucht es Reflexion und Verarbeitung.

Eine erste strukturierte Verarbeitung erfolgt über das Arbeitsjournal. Die Teilnehmenden werden aufgefordert, ihre Erlebnisse und Gedanken täglich schriftlich festzuhalten. So werden die spontanen Eindrücke des Tages ein erstes Mal reflektiert und in Worte gefasst.

Weitere Auswertungen erfolgen im Schlussgespräch mit den Verantwortlichen der sozialen Instituition und im Auswertungs-Workshop im Unternehmen.

Eine tiefe emotionale Erfahrung wird aber auch ohne systematische Auswertung eine nachhaltige Wirkung haben. Erinnerungen an menschliche Begegnungen, lachende, strahlende, weinende Gesichter, Augen, die leuchten, kurze oder längere Gespräche, Situationen, die einen an die persönlichen Grenzen von Toleranz, Scham und Überwindung führten, werden sich auf das Denken und Handeln auswirken, ohne dass man das direkt nachweisen kann.

5. Der Vergleich mit der eigenen Welt

Der SeitenWechsel spricht vom «Kontrastlernen». Der Vordergrund der aktuellen Erfahrung trifft auf den Hintergrund der persönlichen Werte, Einstellungen, Denkmuster, auf die Ganzheit der eigenen Persönlichkeit. Wir vergleichen die Erfahrungen und Beobachtungen ständig mit unserem Schatz früherer Erfahrungen und den bewussten und unbewussten Schlüssen und Erkenntnissen, die wir daraus ableiteten. Durch diesen Vergleich lernen wir. Gewisse Teile des Erfahrungshintergrundes werden durch die neuen Erfahrungen bestätigt und verstärkt, andere werden in Frage gestellt und kontrastiert. Die bewusste Reflexion dieses Vorgangs und der festgestellten Bestätigungen und Unterschiede führt zu neuen Erkenntnissen und zur Veränderung von Einstellungen und Verhalten.

Dieser Vorgang wird natürlich von vielen Faktoren und Filtern beeinflusst. Wir alle haben die Tendenz mit den bestätigenden Erfahrungen grosszügiger umzugehen als mit den widersprüchlichen. Und genau da setzt das Lernen von sozialer Kompetenz ein:

– Kann ich Widersprüche akzeptieren und verarbeiten?
– Kann ich der Tendenz, ein harmonisches, in sich stimmiges Weltbild zu erhalten, eine kritische Überprüfung entgegensetzen?
– Habe ich den Mut und die Fähigkeit, meine eigenen Werte und Einstellungen kritisch zu betrachten und sie gegebenenfalls zu verändern?
– Und wann ist dieser Fall gegeben?

An dieser kritischen Überprüfung entscheidet es sich, ob sich das Lernen im SeitenWechsel auf die inhaltliche, kognitive Ebene beschränkt oder ob ein Veränderungsprozess auf der Werte- und Einstellungsebene stattfindet, der sich dann in einem veränderten Verhalten manifestiert.

Eine Studie, die zwei AbsolventInnen (Dangel und Häcki, Zürich 2001) der Hochschule für Angewandte Psychologie, Zürich, bei der Migros Genossenschaft erstellten, untersucht die Veränderungen auf der Werte-, Einstellungs- und Verhaltensebene bei neun Seiten-WechslerInnen. Sie kam zu folgenden Ergebnissen:

- Sensibilisierung aller Befragten bezüglich sozialer Themen;
- verstärkte kognitive Auseinandersetzung mit sozialen Themen;
- bei drei Befragten fand ein Hinterfragen einzelner Werte statt;
- der Stellenwert der Arbeit hat bei drei Personen eine Einstellungsänderung erfahren;
- zwei Probanden messen Leistung und Erfolg weniger Bedeutung zu;
- vier Personen nehmen Probleme ihrer Mitarbeitenden wichtiger und nehmen mehr Rücksicht auf die Leistungsfähigkeit ihrer Mitarbeitenden.

Insgesamt konnten bei acht Personen Verhaltensänderungen bei arbeitsbezogenen Themen und bei vier Personen in sozialen Themen festgestellt werden.

6. Die Auswertung der gemachten Erfahrungen

Die formale Auswertung der gemachten Erfahrungen findet im Schlussgespräch mit den VertreterInnen der sozialen Institution und im Auswertungs-Workshop im Unternehmen statt. Das «login/log-off»-Instrument bietet einen halbstrukturierten Gesprächsleitfaden für das Schlussgespräch an. Die Grundlage bilden die am Anfang formulierten Ziele und Erwartungen. Es wird auch nach den

Schlüsselerlebnissen, den wichtigen Kontakten und Ereignissen, den unerwarteten und überraschenden Situationen gefragt. Die Auswertung von 47 Schlussgeprächsprotokollen ergab eine hohe Übereinstimmung in der Beurteilung der Zielerreichung zwischen den SeitenWechslern und den sozialen Institutionen. Beide Gruppen bewerten die Ziele mehrheitlich als «über Erwarten» oder «gut erreicht».

Eine weitere Inhaltsanalyse hat die Zielvereinbarungen und die Zielerreichungen zugleich erfasst. Damit soll eine generelle Übersicht über die wichtigsten Aspekte gewonnen werden, die beim SeitenWechsel durch die beiden Seiten ins Spiel gebracht werden. An erster Stelle (38 Prozent) steht der Wert des wechselseitigen Austausches. SeitenWechsel wird als Anfang einer Beziehung zwischen den zwei Welten wahrgenommen und akzentuiert. An zweiter Stelle (30 Prozent) folgt die Suche nach gemeinsamen Einsichten und Öffnungen der Horizonte. Diese beiden Perspektiven dominieren die anderen Sichtweisen und Erfahrungen deutlich.

7. Der Transfer in die eigene Welt

Am Auswertungs-Workshop im Unternehmen geht es vor allem um die Frage: «Was hat der SeitenWechsel bei mir bewirkt, und wie wirkt sich das auf meine Führungsarbeit aus?» Die Auswertungs-Workshops sind in jeder Firma unterschiedlich organisiert. Wo der Seiten-Wechsel in ein Management-Entwicklungsprogramm eingebettet ist, trifft sich die Gruppe im Rahmen eines weiteren Seminarblocks. Wo die Teilnehmenden sich auf ein offenes Angebot gemeldet haben, wird ein halber oder ein ganzer Tag bestimmt, an dem sich die SeitenWechslerInnen einer bestimmten Periode treffen. Der zeitliche Abstand des Workshops zu den einzelnen Einsätzen variiert zwischen einer Woche und drei Monaten, je nach Einsatzplan.

Der Transfer in die eigene Welt ist ein schwieriger Schritt im ganzen Prozess. Oft schildern die Teilnehmenden den «Schock am

Montagmorgen», wo die intensive Erfahrung und die damit verbundenen guten Vorsätze auf die Alltagsrealität der Arbeitswelt treffen. Eine gewisse Ernüchterung ist unvermeidlich. Gemäß den Aussagen der SeitenWechslerInnen gelingt es aber den meisten, einige Erkenntnisse in Form von Verhaltensvorsätzen in den Alltag hinüberzuretten. Wie weit sich die gemachten Erfahrungen in der Führungsarbeit und in den geschäftlichen Entscheidungen niederschlagen, ist schwierig zu beurteilen. Der Grad der Umsetzbarkeit hängt stark vom direkten Umfeld ab. Die Einbettung in einen Management-Entwicklungszyklus ist die ideale Unterstützung für den Transfer. Durch die weitere Bearbeitung in den Seminaren und die Unterstützung der Kolleginnen und Kollegen, die die gleiche Erfahrung gemacht haben, wird die Nachhaltigkeit der Maßnahme verstärkt.

In verschiedenen Unternehmen hat sich ein Netzwerk von SeitenWechslerInnen gebildet. In informellen Zusammenkünften werden die Erinnerungen und Erfahrungen ausgetauscht und der Erinnerungsfunke am Leben erhalten. Die regelmäßigen Veranstaltungen und Tagungen der SeitenWechsel-Organisation (Passagen, öffentliche Tagungen, Treffen der Personalverantwortlichen und der VertreterInnen der sozialen Institutionen, Workshops etc.) haben das gleiche Ziel: stärken und aktivieren des überbetrieblichen Netzwerks und dadurch Verstärken der Nachhaltigkeit.

Worauf muss im Unternehmen geachtet werden?

Entscheidet sich ein Unternehmen, den SeitenWechsel einzuführen, stellen sich die bekannten Fragen:
- freiwillig oder obligatorisch?
- welche Zielgruppe?
- freie Wahl der sozialen Institution?
- Transfer in die Unternehmung?

Die Erfahrung zeigt, dass jedes Unternehmen diese Fragen unterschiedlich beantwortet und die Durchführungsformen sich entsprechend unterscheiden. Ein paar Kernpunkte lassen sich jedoch aus den Erfahrungen der Firmen ableiten:

Freiwillig oder obligatorisch?

Weiter oben sind die Überlegungen aus der Sicht der Teilnehmenden (vgl. Die Konfrontation mit dem «Auftrag») zur Frage freiwillig oder obligatorisch dargestellt. Aus der Unternehmenssicht müssen noch ein paar zusätzliche Faktoren berücksichtigt werden. Für die freiwillige Variante spricht sicher viel. Allerdings hat sie den Nachteil, dass sich die Führungskräfte anmelden, die eher sozial sensibilisiert sind. Die, die man eigentlich erreichen und bei denen man einen Gesinnungswandel bewirken möchte, melden sich nicht an. Im Interview mit Anton Scherrer, CEO der Migros, betont er sehr stark den Grundsatz der Freiwilligkeit als Teil der Eigenverantwortung des Managers für seine persönliche Entwicklung (vgl. Teil 4, Seite 205).

Das Obligatorium wird meist im Zusammenhang mit der Erreichung einer bestimmten Hierarchiestufe eingesetzt. Dahinter steht die Überzeugung, dass ein SeitenWechsel jedem etwas bringt und ein wichtiges Lernelement auf dem Weg in eine verantwortungsvolle Führungsposition darstellt. Die bisherigen Erfahrungen der UBS belegen eindrücklich, dass diese Annahme stimmt und von den Teilnehmenden bestätigt wird.

Schlussendlich ist die Entscheidung ein Ausdruck der Unternehmenskultur.

Welche Zielgruppe?

Auch in dieser Frage entscheiden die Unternehmen sehr unterschiedlich. Während bei der UBS durch die Einbettung in das Management-Entwicklungsprogramm die Zielgruppe gegeben ist (mittlere Kader mit Entwicklungspotenzial), richtet sich das Angebot in anderen Firmen an unterschiedliche Gruppen, oder man lässt es sogar offen:

- Die Migros Genossenschaft Zürich bietet den SeitenWechsel Führungskräften ab 45 Jahren zur Standortbestimmung und Zukunftsplanung an.
- Die gleiche Unternehmung empfiehlt den SeitenWechsel aber auch jüngeren Führungskräften zur Horizonterweiterung und zur Förderung der sozialen Kompetenz.
- Die Inova, eine Beratungsfirma, ließ gleich alle Berater einen SeitenWechsel machen und setzte so ein unternehmenskulturelles Jahresthema (siehe Erfahrungsbericht im Teil 4, Seite 224).
- Die ABB schreibt den SeitenWechsel für Führungskräfte der mittleren Hierarchiestufen aus.

Der Wunsch, dass auch Manager der obersten Etage einen Seiten-Wechsel machen würden, hat sich bisher erst zweimal erfüllt. Der Zeitdruck zwingt die Topmanager offensichtlich zu einer anderen Prioritätensetzung (siehe Interview mit Anton Scherrer im Teil 4, Seite 198).

Wahl der sozialen Institution

Die Träger des SeitenWechsel-Programms sehen in einem offenen Markt mit einem genügend großen und vielfältigen Angebot von sozialen Institutionen ein wichtiges Element im Lernprozess. Alle KandidatInnen kommen mit bestimmten Vorstellungen und Erwartungen in diese Marktsituation. Durch die Gespräche verändern sich diese Sichtweisen zum Teil markant. Vorurteile werden korrigiert, neue Interessen geweckt. Das begrenzte Angebot führt zu Entscheidungssituationen. Mehrere Interessenten müssen untereinander aushandeln, wer nun den begehrten Platz erhalten soll und welche Alternativen sich anbieten würden. Frustrationen müssen ausgehalten und verarbeitet werden – alles wichtige Lernfelder für Führungskräfte.

Wenn nach diesem Prozess der eine oder die andere enttäuscht ist, dass sie oder er den gewünschten Einsatz anderen überlassen musste, wird diese Enttäuschung durch die konkrete Erfahrung gelöscht. Bisher waren schlussendlich fast alle mit ihrer Wahl zufrieden, ja sie fanden, dass ihnen nichts Besseres hätte begegnen können als die zweite Wahl.

Transfer in die Unternehmung

Der SeitenWechsel soll nicht nur ein persönliches Erlebnis sein. Die gemachten Erfahrungen sollen sich auf die Führungsarbeit und die geschäftliche Tätigkeit auswirken. Natürlich geht es nicht um kurzfristige spektakuläre Veränderungen, eher um eine Sensibilisierung mit langfristiger Wirkung. In vielen Rückmeldungen von SeitenWechslern kommt zum Ausdruck, dass sie sich noch Jahre nach ihrem Einsatz in bestimmten Situationen an den SeitenWechsel erinnern und dadurch eine andere Haltung einnehmen oder bewusster auf eine Situation reagieren (vgl. Meier-Dallach, Seite 125).

Trotzdem kommt der Unterstützung des Transfers eine entscheidende Bedeutung zu. Der Transfer beginnt schon mit der Einbettung des SeitenWechsels in die Management-Entwicklung der Unternehmung. In einem Management-Entwicklungsprogramm ergeben sich gute Gelegenheiten, die SeitenWechsel-Erfahrung in Zusammenhang mit Führungsthemen und konkreten Situationen zu bringen. Die Auswertung in der Gruppe ist meistens Bestandteil des Programms. In den Firmen, die ein offenes Angebot machen, ist der Transfer ein wichtiges Thema am Auswertungstag. Auch hier gibt es die unterschiedlichsten Formen. Das Minimum ist ein halber Tag, wo die Erfahrungen ausgetauscht werden und überlegt wird, wie man das Erlebte in den Alltag integrieren könnte. Da diese Auswertungstage meist nicht direkt nach der SeitenWechsel-Woche stattfinden, können die meisten schon von ersten Erfahrungen am Arbeitsplatz berichten.

Um den Transfer in den Alltag aktiv zu unterstützen, bietet die SeitenWechsel-Organisation Module an, die im Unternehmen maßgeschneidert eingesetzt werden können. Die Modul-Inhalte orientieren sich an den relevanten Fragen des Transfers: «Was habe ich gelernt? Was hat sich bei mir verändert? Was bedeutet das für meine Führungspraxis, und wie kann ich es umsetzen?»

In einigen Unternehmen, wie zum Beispiel in der Migros, werden immer wieder Erfahrungstreffen organisiert, zu denen die Ehemaligen eingeladen werden. Die gemeinsame Auffrischung der Erinnerungen ruft die gemachten Erfahrungen und Vorsätze wieder ins Bewusstsein und gibt neuen Anstoß zur Umsetzung. Durch diese Anlässe wird das Netzwerk von Menschen mit einer gemeinsamen Erfahrung und ähnlichen Grundhaltungen aufgebaut und gestärkt.

Eine Woche in einer anderen Welt

Erfahrungsbericht von Michael Finnern, Airbuswerk Hamburg
Einsatz im KODROBS, Sucht- und Beratungsstelle, Altona

«Fit for Life» war das Stichwort. Es fiel Anfang des Jahres in einer Besprechung mit dem Betriebsärztlichen Dienst im Airbuswerk Hamburg. Was sich dahinter verbergen würde, fragte ich die Betriebsärztin. «Ein ganz hervorragendes neues Programm, und Sie sind genau der richtige Kandidat dafür», entgegnete Ärztin Annette Gäßler. Mal etwas völlig Neues kennen lernen, eine Woche im sozialen Brennpunkt mit ganz anderen Menschen verbringen, nicht über Handy erreichbar sein – das Projekt «SeitenWechsel» weckte mein Interesse. Informationsmaterial samt Anmeldeformular bekam ich postwendend. Damit war die Teilnahme am «SeitenWechsel» beschlossene Sache, trotz vieler noch offener Fragen.

Auf einer Marktbörse der Patriotischen Gesellschaft am 2. Juli 2002 konnte ich mich über die verschiedenen sozialen Einrichtungen informieren, die den SeitenWechsel anbieten: Wohnprojekte für ehemals Drogenabhängige, ein Hospiz, die Bahnhofsmission, Frauenstrafvollzugsanstalt und Drogenberatungsstellen. Außerdem traf ich dort SeitenWechsler aus unterschiedlichen Unternehmen. Ein Tag zum Kennenlernen also für beide Seiten, an dessen Ende sich jeder für eine soziale Einrichtung entscheiden musste. Natürlich hatte ich von all diesen Einrichtungen gehört, Berichte gesehen oder darüber gelesen. Aber nun, wo durch das Praktikum der Kontakt enger werden sollte, kamen leicht gemischte Gefühle auf. Ich entschied mich für ein Praktikum im KODROBS, einer Sucht- und Drogenberatungsstelle in Altona.

Zwei Wochen vor dem SeitenWechsel traf ich die Leiterin des KODROBS, um die Einrichtung kennen zu lernen: Das KODROBS besteht aus einem Café-Bereich mit Küche, einem Teamraum, einem so genannten «Druckraum», aus Büros für Beratungsgespräche und einem Raum, in dem Akupunktur angeboten wird. Außerdem nahm ich an einem Informationsaustausch mit der Heroin-Ambulanz teil, die sich in der Einrichtung KODROBS vorstellte und darüber berichtete, was sie in ihrem Programm vorhaben und machen und welche Bedingungen es gibt, um in ihrem Programm aufgenommen zu werden.

Mein erster Tag am 23. September 2002 begann gleich mit einer Situation, bei der mir nicht ganz wohl war: Thomas, einer der Sozialarbeiter, fragte mich, ob ich nicht gleich mit in den «Druckraum» kommen wolle. Dort waren gerade drei Konsumenten – zwei heroinabhängige, ein kokainabhängiger –, die ihren Tag mit einem sauberen Schuss beginnen wollten. Im Druckraum können sich die Klienten in einem hygienischen Umfeld ihre Drogen spritzen. Hier bekommen sie saubere Nadeln, Besteck und Abbinder. Danach kam ich im Café-Bereich mit einigen Gästen ins Gespräch. Wir redeten über ihre Lebenswege und ihre Wege in die Droge. Auch in den Beratungsgesprächen der Klienten mit den Sozialarbeitern habe ich sehr unterschiedliche Fälle und Schicksale kennen gelernt. Ein erster Tag, der mich emotional sehr berührt hat.

Auftakt meines zweiten Tags war ein sehr intensives Gespräch mit den Mitarbeitern zum Thema Wege aus der Droge und den Möglichkeiten der Sozialarbeit. Danach konnte ich an weiteren Beratungsgesprächen teilnehmen. Eines davon passt ins Klischee, das vermutlich viele im Kopf haben, die wie ich noch keine Berührungspunkte mit der Drogenszene hatten. Es ging um ein Paar, das an diesem Tag wirklich «zu» war. Die Frau stand unter starkem Alkohol-, Drogen- und Tabletteneinfluss. Ihr fehlten im Oberkiefer fast alle Zähne, und sie war im vierten Monat schwanger. Bei diesen beiden KlientInnen habe ich mich gefragt, ob sie wirklich eine Chance haben, irgendwann ein normales Leben zu führen. Die Frau hatte am folgenden Donnerstag einen Verhandlungstermin vor Gericht, bei dem es um sieben Monate Haftstrafe wegen mehrerer Diebstahlsdelikte ging. Der Ansatz der Sozialarbeiterin war, die Klientin zu begleiten, mit der Auflage, dort nicht alkoholisiert bzw. unter Drogeneinfluss und in ordentlicher Kleidung zu erscheinen. Die Klientin akzeptierte zwar den Vorschlag. Ich war mir aber nicht sicher, ob sie es auch einhalten würde. Die Sozialarbeiterin versuchte als Nächstes, auf die Klientin einzuwirken, auf jeden Fall eine Entgiftung zu machen, da sie ja immerhin im vierten Monat schwanger war. Die Klientin wollte allerdings ohne ihren Partner in keine Entgiftung. Daraufhin versuchte die Sozialarbeiterin, für die beiden einen Entgiftungsplatz zu bekommen, was ihr nach einem Telefonat und mehreren Absprachen gelang, so dass die Entgiftung schon am 7. Oktober beginnen konnte.

Bei einem weiteren Beratungsgespräch ging es um einen 52-Jährigen, der nach 20 Jahren Berufstätigkeit seinen Arbeitsplatz verloren hatte und dadurch noch tiefer in sein Alkoholproblem abgestürzt war. In die Einrichtung nach Altona kommt der Mann, dem man im Übrigen seine Suchtproblematik nicht ansieht, um dort Gespräche zu führen und um einen Weg aus seiner Sucht zu finden.

Beratung suchte auch ein junger Mann, der aus einem Wohnprojekt herausgeworfen wurde. Auch er hatte in der Vergangenheit Drogenprobleme und Straftaten begangen. Er selbst machte derzeit einen relativ gefestigten Eindruck und wird entsprechend von der Sozialpädagogin in seinem weiteren Handeln unterstützt.

Dann hatte ich an diesem Tag noch Gelegenheit, etwas über Akupunktur zu erfahren. Die Einrichtung bietet an zwei Tagen in der Woche eine Akupunktur-Therapie an. Es handelt sich um eine Ohr-Akupunktur, die helfen soll, das Suchtverlangen zu mildern. Klienten, die eine Entgiftung und Entzugstherapie erfolgreich absolviert haben, werden so ergänzend behandelt.

Am dritten Tag meines Praktikums war Teamtag, an dem die Beratungsstelle grundsätzlich geschlossen bleibt. An diesem Mittwoch fand außerdem eine Betriebsversammlung statt. Auch hier konnte ich einiges über das Arbeitsfeld Sozialarbeit und Drogensucht und über finanzielle Probleme der Einrichtungen erfahren.

Am vierten Tag habe ich bereits einige Klienten wiedergetroffen. Bei einigen wusste ich gleich, dass sie nur den Café-Bereich nutzen wollten. Andere kamen zum Duschen oder suchten wieder das Gespräch. Aber es waren auch immer wieder neue Gesichter dabei, die den Café-Bereich betraten, um sich zu informieren oder um sich einen Beratungstermin zu holen. Ich nahm an einem Beratungsgespräch teil, bei dem es um einen Klienten ging, der substituiert wird, der aber zusätzlich unter Angstzuständen leidet, die er mit Alkohol zu bekämpfen versucht. Außerdem ging es in seinem Fall um die Klärung seiner finanziellen Situation. Um dem Klienten zu helfen, waren hier einige Telefonate mit der Behörde notwendig. Außerdem konnte ihn die Sozialarbeiterin überreden, sich einen Arzttermin wegen seiner Angstzustände zu besorgen. Zuerst war der Klient recht zögerlich. Ich merkte ihm an, dass er Angst hatte, sich diesen Arzttermin zu holen. Aber die Sozialpädagogin ging auf ihn ein, und das bewegte ihn, sich dann doch ans Telefon zu setzen.

Weiterhin bekam ich in diesen Tagen noch einen Einblick in die eingesetzte Software, ein Datenbanksystem, in der Termine, Adressen sowie Verwaltung und Auswertung von Statistiken usw. gespeichert sind.

Fazit:

Der SeitenWechsel war für mich eine ganz neue Erfahrung. Aus meiner Sicht sollten noch mehr Manager mit Personalverantwortung – unabhängig von der Hierarchieebene – an diesem Programm teilnehmen. Hier sammelt man Erfahrungen nicht in Rollenspielen wie in herkömmlichen Seminaren, sondern stärkt seine Anpassungsfähigkeit und Sozialkompetenz im «wahren Leben». Man kommt raus aus dem Alltag, den man zu beherrschen gelernt hat, und taucht ein in eine ganz andere Welt.

Ich hatte die Gelegenheit, neben den Erfahrungen mit Drogenabhängigen auch etwas über die Geschäftsführungsstrukturen und die Ideen des Trägervereins «Jugend hilft Jugend» zu erfahren. Ihm geht es nicht darum, Hilfe an nur einem Brennpunkt zu leisten, vielmehr will der Verein für die Abhängigen ein Angebot schaffen, das von der Beratung über Therapie, betreutes Wohnen bis hin zum Wiedereinstieg in die Arbeitswelt reicht. Wie gut das Gesamtkonzept auch ist, es bleibt zumindest nach meiner kurzen Erfahrung die Erkenntnis, dass der Verein mit all seinen engagierten Mitarbeitern letztendlich «nur» einen Rahmen bieten kann. Der Wille, diese Chance für sich zu nutzen, muss einzig und allein von den Drogenabhängigen kommen.

Beim SeitenWechsel habe ich nicht nur etwas über Lebenswege und Perspektiven von Drogenabhängigen erfahren, sondern auch einen Einblick in die Arbeit der Sozialarbeiter bekommen. Am meisten hat mich bei den Mitarbeitern der Drogenberatung in Altona ihre hohe Eigenmotivation beeindruckt. Die Erfolgserlebnisse, die sie in ihrer täglichen Arbeit erzielen können, sind nach meinen Beobachtungen sehr gering. Die Erfolgsmesslatte muss sehr tief gehängt werden, um für sich selbst feststellen zu können, dass man durch seinen persönlichen Einsatz und die individuelle Hilfestellung, den Klienten ein Stück auf den richtigen Weg gebracht hat.

Zeit spielt in diesem Beruf eine andere Rolle als in der Industrie, in der versucht wird, sofort Ziele zu definieren und deren Erfolg auch möglichst schnell zu messen oder zu überprüfen. Sicher berücksichtigen die KODROBS-Mitarbeiter auch die Zeit, aber selbst der kleinste erfolgreiche Schritt ist von dem nicht zu kalkulierenden Faktor Klient abhängig.

Die Sozialarbeiter müssen in der Lage sein, sehr individuell auf ihre Klienten einzugehen, denn mit abstrakten Vorschriften oder Verboten sind keine Erfolge zu erzielen. Andererseits müssen sie versuchen, mit den Klienten klare Vereinbarungen zu treffen.

Der Kontakt mit den Klienten hat bei mir Spuren hinterlassen. Ich habe in dieser Zeit erfahren, wie vielfältig die Schicksale dieser Menschen und ihre Entwicklungen sind, mit denen ich bis zu diesem Zeitpunkt in meinem Leben keine direkten Berührungspunkte hatte.

Das Bild, das die Medien uns vermitteln, spiegelt nicht die Realität wider, sondern zeigt nur Ausschnitte und ganz spezielle Fälle.

Der Beschaffungsdruck, der auf den Klienten lastet, ist enorm hoch. Ohne Drogen können sie nicht leben, und um sich die Drogen zu beschaffen, müssen einige von ihnen bis zu 400 Euro pro Tag aufbringen. Mit welchen Methoden und unter welchen Bedingungen Geld beschafft wird, möchte ich hier nicht weiter erläutern. Das bedeutet auch, dass sich die Klienten in einem Umfeld bewegen, in dem sie niemandem trauen können – auch nicht Menschen, die sich in der gleichen Lebenssituation befinden wie sie selbst. In der Szene «beklaut» man sich eben auch gegenseitig, um das Diebesgut in Geld für Drogen umzusetzen. Umso wichtiger ist die Existenz eines Netzwerkes von Beratungs- und Anlaufstellen, über Wohnprojekte bis hin zu Arbeitsprojekten mit ihren Sozialarbeitern.

In dieser einen Woche Praktikum konnte ich aber nicht nur etwas über die Klienten und deren Probleme, gesellschaftliche Stellung und die Sozialarbeit lernen, sondern auch einiges über mich selbst. Ich habe einen Einblick in eine andere Welt gewonnen, und das hat meine Lebenseinstellung positiv beeinflusst.

An dieser Stelle möchte ich mich bei den Klienten, die mir einen Einblick in ihr Leben gewährt haben, bedanken sowie bei der Leiterin des KODROBS Altona, Petra Oldenettel, und ihrem Team.

Der Dank geht natürlich auch an die Firma Airbus, die mir die Gelegenheit gegeben hat, an dem SeitenWechsel teilzunehmen, und an die Patriotische Gesellschaft, die diese SeitenWechsel organisiert.

Der Knecht

Franz Hohler

Als es an einem schönen Sommerabend bei Melchior Zinsli, einem Bergbauern im Safiental, nach dem Eindunkeln noch an die Türe pochte, war er überrascht. Sein Heimwesen war sehr abgelegen, und es war selten, dass um diese Zeit jemand anklopfte. Seine Überraschung legte sich aber wieder, als er sah, wer vor der Türe stand: Es war der Papst.

«Willkommen», sagte Zinsli, «tretet ein. Ihr kommt gerade zur rechten Zeit.»

«Ja», sagte der Papst in gutem Hochdeutsch, «als ich gestern den Wetterbericht hörte, dachte ich, jetzt oder nie.»

«Seid Ihr allein?» fragte Zinsli und warf noch einen Blick vors Haus, bevor er die Tür hinter seinem Gast zuzog.

«Ja», sagte der Papst, «es war nicht ganz einfach, aber ich habe einen Freund in der Schweizergarde, der hat mir geholfen.»

Er zog sein weißes Käppchen ab und legte es erleichtert auf den Stubentisch.

Melchior Zinsli hatte keine weiteren Fragen, sondern hieß den Papst sich setzen und stellte ihm sogleich einen starken Milchkaffee mit Brot und Alpkäse auf. Der Papst sprach allem kräftig zu und wollte dann bald zu Bett gehen. Er freute sich, als ihm Melchior Zinsli die Knechtekammer zeigte mit dem schweren Bett und der grossen gewürfelten Bettdecke. Da der Papst ohne Gepäck gekommen war, bot ihm Zinsli auch ein altes, aber sauberes Nachthemd von sich an und für den morgigen Tag ein Paar Drilchhosen und ein Militärhemd.

«Wann stehen wir auf?», fragte der Papst noch, bevor er zu Bett ging.

«Ich muss um fünf Uhr zu den Kühen, aber für Euch langt es, wenn ich Euch um halb sieben Uhr wecke.»

«Herrlich», sagte der Papst und strich mit der rechten Hand über die Bettdecke, «eine Stunde später als im Vatikan.»

Am andern Morgen war er richtig ausgeschlafen, als Melchior Zinsli die Tür einen Spalt öffnete und der Kaffeeduft in sein Zimmer strömte. Die ersten Sonnenstrahlen fielen gerade durchs Fenster, und es versprach, ein wunderbarer Tag zu werden.

Melchior Zinsli hatte im Sinn zu heuen, deshalb hatte er dem Papst auch einen Brief geschrieben. Er hatte im «Der Landwirt», einer Zeitschrift für die Bauern, gelesen, dass er, der Papst, sich in einer Ansprache an die Bauerndelegation der Europäischen Gemeinschaft als Knecht der Menschen bezeichnet hatte, und da hatte er sich hingesetzt und ihm geschrieben, dass er seine Bergbauernwirtschaft alleine betreiben müsse und dringend einen Knecht brauchen könne, vor allem zur Zeit des Heuets, und ob er ihm nicht zwei, drei Tage helfen kommen könne. Dazu hatte er ihm auf einem Plänchen eingezeichnet, wie man sein Haus fand.

Und so schritt nun der Papst den ganzen Tag hinter Melchior Zinsli und seinem «Rapid» her und verzettelte das Gras, und am nächsten Tag machten sie mit den Rechen prächtige Schöchlein, und am dritten Tag luden sie die Schöchlein auf den Brückenwagen und gabelten alles ins Ansauggebläse der Scheune, und dazwischen aßen sie Roggenbrot und Bündnerfleisch und tranken Birnenmost und sprachen über Gott und die Welt, Zinsli mehr über Gott und der Papst mehr über die Welt, und als die drei Tage um waren, wunderten sich die Bauern an den Nachbarhängen, woher sich der Melchior, der nicht als der Schnellste galt, plötzlich einen Knecht geholt hatte, und einen tüchtigen dazu. Der Papst aber hatte Bäcklein wie Berner Rosen, er hatte in der ganzen Zeit keine einzige Messe gelesen, geschweige denn sein Brevier, aber er habe, sagte er Melchior Zinsli zum Abschied, schon lange nicht mehr das Gefühl gehabt, etwas so Vernünftiges zu tun wie in den drei Tagen, und er solle ihm schreiben, wenn er wieder Hilfe brauche, nächstes Jahr würde er gerne selbst mit dem «Rapid» die Hänge abmähen, er knattere so schön.

Dann stieg er in den Helikopter der Rettungsflugwacht, mit dem ihn der Schweizergardist wieder abholte, und während er winkend himmelwärts entschwebte und bald als winziger Punkt zwischen dem Piz Beverin und dem Bruschghorn verschwand, ging Melchior Zinsli nachdenklich in sein Bauernhaus und schrieb noch am selben Abend einen Brief an eine Heiratsvermittlung, denn obwohl er nicht daran gezweifelt hatte, dass der Heilige Vater seine Einladung annehmen würde, war ihm doch klar, dass auf diese Art von Hilfe auf die Dauer kein Verlass war, und ein zweites Mal würde er den Papst ohnehin nicht mehr einladen, denn an den «Rapid» gehört nun einmal der Meister und nicht der Knecht.

(aus: Franz Hohler, Hin- und Hergeschichten,
Verlag Nagel & Kimche)

SeitenWechsel in die Wirtschaft

Tony Ettlin, Mitglied der SGG-Kommission SeitenWechsel
Dr. Hans-Peter Meier-Dallach, cultur prospectiv

Das Grundmodell des SeitenWechsels sieht nur den einseitigen Einsatz von Führungskräften in sozialen Institutionen vor. Es war aber von Anfang vorauszusehen, dass der Wunsch nach einem Seiten-Wechsel in die Gegenrichtung auftauchen würde. «Warum sollten nur die Manager von uns lernen? Wir können genau so viel von einem Einsatz in der Wirtschaft profitieren!», war die nachvollziehbare Argumentation auf der sozialen Seite. Erste spontane Gegenbesuche entstanden auf individuelle Initiative. SeitenWechsler aus der Wirtschaft luden ihre Gastgeberinnen oder Betreuer zu einem ein- oder mehrtägigen Besuch an ihrem Arbeitsort ein. Die steigende Nachfrage erforderte eine konzeptionelle und organisatorische Struktur. Als erste Firma machte die Migros Genossenschaft Zürich ein Angebot für einen einwöchigen SeitenWechsel in die Wirtschaft. Anfang 2002 konnte ein offizielles Angebot mehrerer Firmen an die Führungskräfte der sozialen Institutionen gemacht werden. Eine breite Palette von Möglichkeiten wurde offeriert:

– Eine Woche den Transport von der Migros-Verteilzentrale an die Filialen miterleben;

– an einem Management-Training der UBS teilnehmen;

– in einer Produktionsabteilung der ABB mitarbeiten;

– eine Woche lang die Personalarbeit eines Großunternehmens kennen lernen etc.

Die angebotenen Plätze waren schnell vergeben. 24 Führungskräfte aus sozialen Institutionen absolvierten ihren Einsatz im Verlauf des Jahres 2002. Im Dezember berichtete die Gruppe am Auswertungshalbtag von ihren Erfahrungen:

– Alle erlebten ihren Einsatz als lehrreich und bereichernd.

- Es zeigte sich, dass der SeitenWechsel in die Wirtschaft nicht so sehr ein emotionales Erlebnis ist, sondern stärker über den Kopf läuft als die Originalversion. Der Wissenszuwachs in den Bereichen Management, Organisation, Betriebswirtschaft, Marketing etc. stand im Vordergrund. Gesellschaftliche Themen wurden weniger angesprochen.
- Der unterschiedliche Umgang mit der Zeit, die Verschiedenheit der Sprachen und die Mehrschichtigkeit in der Kommunikation waren wichtige Beobachtungen und Erlebnisse, die berichtet wurden. Hier zeigte sich, dass die meist psychologisch gebildeten Sozial-Fachleute ein feines Sensorium und ein spezielles Interesse für die feinen Kommunikations- und Verhaltensphänomene mitbringen und diese auch interpretieren können.
- Die Teilnehmenden sahen ihren Lerngewinn vor allem in den Bereichen des Arbeitsstils und der Arbeitsorganisation. Wie werden Entscheidungen vorbereitet und getroffen? Was verstehen die Manager der Privatwirtschaft unter Effizienz, und wie wird diese erreicht? Wo liegen die Unterschiede zum Arbeitsstil in unserer Institution? Was könnten wir besser machen, und wo machen wir es schon besser?

Zu diesen Ergebnissen passt der oft geäußerte Wunsch nach Wiederholung. Es ist nicht das einmalige, nicht wiederholbare, emotionale Erlebnis, sondern eine Weiterbildungsform, die immer wieder Gewinn bringend angewandt werden könnte.

Vergleich von Unternehmenskulturen

Der SeitenWechsel in die Wirtschaft wird vielleicht noch stärker zum Vergleich der Unternehmenskulturen genutzt als der Original-SeitenWechsel. Bei dieser ersten Auswertung wurden folgende Unterschiede genannt:

Die erlebte Unternehmenskultur der besuchten Firma unterscheidet sich positiv von unserer eigenen durch

- Zielorientierung;
- schnelle Entscheidungen (bei uns verzögern oft politische Instanzen den Prozess);
- Persönlichkeiten, die eigene Meinung vertreten und Freiräume schaffen;
- Druck im Strukturwandel;
- sehr sachbezogene Leistungsbeurteilung.

Die erlebte Unternehmenskultur der besuchten Firma unterscheidet sich negativ von unserer eigenen, durch

- Anonymität von bestimmten Personen;
- unterschiedliche Sprachen (schnelle, standardisierte Sprache vs. menschliche Mitteilungsform);
- unzureichende Bewältigung von schwierigen Situationen;
- was in der Wirtschaft beginnt, kann bei uns enden;
- Hilflosigkeit im Umgang mit Suchtthemen (Anfälligkeiten erkennen);
- Unsicherheit, Identität in den Unternehmen wird immer künstlicher;

Als Ähnlichkeiten in den beiden Unternehmenskulturen wurden empfunden

- Identifikation als wichtige Quelle;
- allzu Menschliches gibt es überall;
- Hilflosigkeit kommt überall vor.

Zusammenfassend lassen sich die erlebten Unterschiede so darstellen:

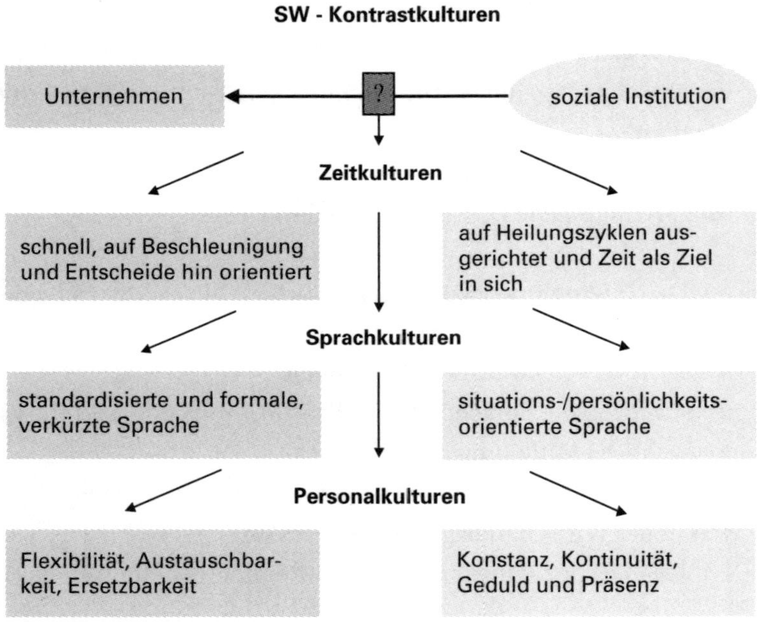

SW - Kontrastkulturen

| Unternehmen | ? | soziale Institution |

Zeitkulturen

| schnell, auf Beschleunigung und Entscheide hin orientiert | | auf Heilungszyklen ausgerichtet und Zeit als Ziel in sich |

Sprachkulturen

| standardisierte und formale, verkürzte Sprache | | situations-/persönlichkeitsorientierte Sprache |

Personalkulturen

| Flexibilität, Austauschbarkeit, Ersetzbarkeit | | Konstanz, Kontinuität, Geduld und Präsenz |

Quelle: cultur prospectiv - Evaluation SeitenWechsel

Abbildung 23

Teil 3

Die Erfahrungen in den sozialen Institutionen

Sie sind die Anbieter. «Was haben wir denn anzubieten?», fragen sie sich, «was können und sollen Manager bei uns lernen?» Sie wagen das Experiment. Die Manager kommen, machen Erfahrungen, lernen. Ein Gespräch entsteht, und es lernen nicht nur die, die gekommen sind. Auch die eigene Welt bekommt ein neues Gesicht. Ein neues Selbstbewusstsein wächst und die Gegensätze verbinden.

«Beste Imagewerbung für soziale Institutionen!»

Thomas Albrecht, Leiter des Wohnhauses für Behinderte Bärenmoos, Oberrieden

Die nachstehenden Ausführungen basieren auf zahlreichen Gesprächen mit SeitenWechslern, die ihre Woche des SeitenWechsels im Wohnhaus Bärenmoos in Oberrieden, einem Wohnhaus für Menschen mit einer Körperbehinderung, erlebten. Alle SeitenWechsler standen während ihrer Einsatzwoche ab dem ersten Tag im direkten Kontakt mit körperbehinderten oder hirnverletzten Menschen, die aufgrund ihrer Behinderung die unterschiedlichsten Beeinträchtigungen im Alltag erleben.

Die soziale Institution im Unterschied zu einer Firma in der Privatwirtschaft

Die größte Herausforderung einer Non-Profit-Organisation (NPO) besteht neben dem in einem Leitbild breit abgestuften, so genannten Kerngeschäft, den hohen Ansprüchen der unzähligen kleinen und großen Geldgebern zu genügen. In der Schweiz ist es nach wie vor nur möglich, soziale Einrichtung für Menschen mit einer Körperbehinderung zu betreiben, wenn Gelder der öffentlichen Hand und zu einem gewissen Teil von privaten Spendern vorhanden sind. So gesehen besteht ein eigentlicher betriebswirtschaftlicher Auftrag mit allen Facetten eines modern geführten Betriebes.

Zusätzlich unterstehen NPOs klar definierten und kontrollierten Qualitätszielen, was wiederum sicherstellt, dass die Tätigkeiten im Kerngeschäft, im konkreten Fall in der Betreuung, Pflege, und Förderung von Menschen mit einer Körperbehinderung oder einer Hirnverletzung, erfüllt werden. NPOs werden bei der Erfüllung von teilweise vorgeschriebenen aber auch selbst definierten Qualitätsstandards sehr streng kontrolliert. Grundsätzlich darf man sicher je länger, je mehr feststellen, dass NPO-Organisationen heute genau so professionell arbeiten und organisiert sind wie Unternehmungen in der Privatwirtschaft.

NPOs haben gegenüber der Privatwirtschaft den Vorteil, nicht so stark den immer häufiger auftretenden Schwankungen von Konjunktur usw. unterworfen zu sein. Je länger, desto intensiver spielt aber bei NPOs ebenfalls der Markt, das heißt, die NPOs werden heute aktiver dazu gezwungen, in ihrem Kerngeschäft qualitativ und quantitativ einwandfreie Dienstleistung zu erbringen, im Fall vom Wohnhaus Bärenmoos in der Betreuung von Menschen mit einer meist schweren Körperbehinderung oder einer Hirnverletzung.

Der Start in die Einsatzwoche

Die nachstehenden, sehr häufig erwähnten und auch zentralen Fragen beim Einstieg von SeitenWechslern in ihre Einsatzwoche zeigen den Ausdruck von Unsicherheit und das noch fehlende Verständnis des SeitenWechslers für die Situation von behinderten Menschen auf:

«Was bringt mein Einsatz den Behinderten?»

«Was bringt es der Institution, wenn ich als SeitenWechsler eine Woche lang quasi als ‹Anhängsel› ständig anwesend bin, um meinen Einsatz zu leisten?»

Die einfachen und auch logischen Antworten der betroffenen behinderten Bewohner vom Wohnhaus Bärenmoos lauteten:

«Wir erhalten neue Kontaktchancen!»

«Wir kommen zu zusätzlichen Möglichkeiten, mit Betreuern die Freizeit zu gestalten!»

«Wir haben die Chancen, den Kontakt über die effektive Einsatzzeit hinaus zu pflegen, vielleicht entsteht sogar eine Bekanntschaft oder im besten Fall sogar Freundschaft!»

«All dies ist doch gleichbedeutend mit mehr oder erhöhter Lebensqualität!»

Beim Start zum Einsatz entgehen dem aufmerksamen Beobachter gewisse natürliche Kulturunterschiede bei den SeitenWechslern nicht. So möchten vor allem diejenigen Personen aus der Finanzwelt am liebsten fast ständig erreichbar sein und zunächst alle Tätigkeiten und Handlungen in der direkten Betreuung aus einer sicheren Distanz betrachten. Das Piepsen von eingehenden SMS auf dem Handy scheint am ersten Tag noch selbstverständlich, man sollte ja im Betrieb erreichbar sein. Wer ist schon gerne ersetzbar? Doch bereits nach kurzer Zeit ist es für den SeitenWechsler eine natürliche Selbstverständlichkeit, die Dienstleistungen an seinem «Kunden», der behinderten Person, ohne das störende Handy zu erbringen.

Die meisten Personen aus dem Detailhandel oder aus der Industrie möchten am liebsten gar nicht erreichbar sein. Sie planten ihre Abwesenheit im Betrieb eher besser und erwarten, sofort möglichst produktiv helfen zu können. Dafür wird der in der Betreuung von behinderten Menschen sehr wichtige Faktor «Nähe und Distanz» von diesem Personenkreis weniger stark erkannt. Dies kann im Alltag gewisse Probleme im Erleben und Erkennen der jeweiligen Situation mit sich bringen, denn sehr oft verfällt der ungeübte Seiten-Wechsler in ein eigentliches Helfersyndrom, was für die jeweilige Situation nicht in jedem Fall förderlich ist.

Die Einsatzwoche im Schnelllauf

Die meisten SeitenWechsler erleben ihre Einsatzwoche vom ersten Moment an sehr interessant, abwechslungs- und anforderungsreich. Vor allem der von den ersten Stunden an geplante und direkte Kontakt mit den körperbehinderten Menschen fordert die SeitenWechsler in einer Art und Weise, die im Alltag des beruflichen Umfeldes nicht sehr häufig vorkommt.

Im Film «Der Club der toten Dichter» stand der Professor auf den Stuhl und meinte zu seinen Schülern, dass es wichtig sei, hie und da den Blickwinkel zu verändern, um immer wieder die richtige Optik zu finden.

Im Umgang mit Menschen mit einer Körperbehinderung kann das zum Beispiel heißen, sich einmal in einen Rollstuhl zu setzen, um zu erleben, wie

a) sich die Optik massiv verändert,
b) sich plötzlich Barrieren beim Leben in einem Rollstuhl ergeben und somit die Umweltbedingungen massiv verändern und
c) sich der Faktor Zeit in einer ganz neuen Dimension zeigt.

Bereits diese sehr kleinen Erfahrungen in der Wahrnehmung der Situation von behinderten oder hirnverletzten Menschen erweitern die eigene und die Sichtweise gegenüber behinderten Menschen enorm. Eine weitere Erfahrung in eine veränderte Situation zeigt sich unter anderem in einer ganz einfachen Übung. Der SeitenWechsler reinigt seine eigenen Zähne mit der für ihn ungewohnten linken (rechten) Hand. Diese normalerweise so alltägliche Zahnreinigung nimmt plötzlich ein ganz anderes Ausmaß an, es gelingt meistens nicht auf Anhieb. Ein körperbehinderter oder hirnverletzter Mensch muss diese selbstverständlichen Fähigkeiten ebenfalls wieder neu erlernen.

Gespiegelt auf das Führungsverhalten eines SeitenWechslers im angestammten Betrieb könnte dies auch gleichbedeutend mit «ich muss die Schwächeren zunächst verstehen, bevor ich sie fördern kann» oder «ich muss den Schwächeren mehr Zeit zur Verfügung stellen» sein.

Wenn der SeitenWechsler zum Ende der Woche in seinem Auswertungsgespräch mit dem persönlichen Begleiter über die Zielerreichung Bilanz zieht, kommt meistens sehr ausgeprägt zum Ausdruck, dass das Erlebnis des direkten Kontaktes mit behinderten Personen, das Austauschen von Lebenserfahrungen, das Erfahren von alltäglichen Lebensschwierigkeiten durch die Behinderung und vor allem das Erkennen von Chancen und neuen Möglichkeiten einen sehr nachhaltigen Eindruck hinterließ. Auch wird erkannt, dass der Faktor Zeit für Menschen mit einer Behinderung eine ganz andere Dimension aufweist, dass der Einsatz von Hilfsmitteln für den Behinderten genauso selbstverständlich ist wie für den Seiten-Wechsler aus der Bank die hastigen Blicke auf den Bildschirm und somit auf die Entwicklung der weltweiten Finanzmärkte.

Erfolgsrechnung eines SeitenWechsels aus Sicht der sozialen Institution

Erstellt man als anbietende soziale Institution eine Erfolgsrechnung über den Einsatz von SeitenWechslern, dann muss diese Rechnung in verschiedenen Dimensionen betrachtet und erklärt werden. Diese Rechnung fällt in seiner Gesamtheit sicher äußerst erfreulich aus. Dies allerdings nur unter dem Aspekt, dass der SeitenWechsler auch genügend motiviert ist, sich dieser einzigartigen Herausforderung zu stellen.

Zunächst versteht es sich von selbst, dass der SeitenWechsler eine professionelle Begleitung benötigt. Und diese Begleitung bindet im Betrieb Personalressourcen, die zusätzlich budgetiert werden. Bei vier bis sechs SeitenWechslern pro Jahr muss auf der Aufwandseite sehr schnell die Höhe eines Monatslohnes einkalkuliert werden.

Die Ertragseite hat mehrere Facetten.

Als direkten Ertrag erscheint die unmittelbar eintretende zusätzliche Lebensqualität durch erweiterte Möglichkeit von Aktivitäten für die behinderten Personen. Als Beispiel kann hier ein Ausflug einer einzelnen behinderten Person mit dem SeitenWechsler nach Zürich genannt werden. Für das Betreuungspersonal ist der Einsatz der SeitenWechsler gleichbedeutend mit einer gewissen Arbeitserleichterung, die in den meisten Fällen nach kurzer Einführungszeit auch erkennbar ist. Diese Erleichterung zeigt sich vor allem im psychosozialen Bereich, sehr oft ist in der Arbeit mit körperbehinderten Menschen aber ganz einfach nur «Manpower» gefragt. Beim Wort «Manpower» muss noch festgehalten sein, dass die SeitenWechsler im Wohnhaus Bärenmoos zu 95 Prozent männlich sind, das Verhältnis beim Betreuungspersonal aus dem Betrieb sich genau umgekehrt zusammensetzt ...

Zudem löst der jeweils direkte und provozierte Austausch in Teamsitzungen sehr häufig einen positiven Einfluss auf das Verhalten des Teams oder die unmittelbare Bewältigung von Prozessen aus.

Als «indirekten» Ertrag kann dem SeitenWechsler vermittelt werden, dass soziale Kompetenz zur Erreichung einer hohen Lebensqualität von sozial benachteiligten Personen unabdingbar ist. Diese Sichtweise soll sich auf keinen Fall nur auf die eigene Institution reduzieren, der SeitenWechsler darf gerne eine positiv erlebte Einsatzwoche als eigentliche Werbung und Botschaft für alle soziale Institutionen mitnehmen. Anders ausgedrückt bedeutet diese Tatsache beste Imagewerbung für soziale Institutionen. Man könnte zudem zur Meinung gelangen, dass sich bei einer positiv erlebten Einsatzwoche eine eigentliche Wechselbeziehung im Bereiche Kommunikation, Marketing und Fundraising natürlich entwickelt.

Kernaussagen von SeitenWechslern

Einige wenige, aber sehr bleibende und meistens erfreuliche Aussagen von SeitenWechslern seien an dieser Stelle explizit erwähnt:
- «Ich wusste nicht, dass mit einer so flachen Hierarchie ein so effizientes Management erreicht werden kann!»
- «Ich wusste nicht, dass in NPOs im Bereich Qualitätsmanagement so einfache und perfekte Systeme eingesetzt und dass diese vom Personal auch gelebt werden!»
- «Ich konnte mir fast nicht vorstellen, dass Sitzungen so klar

strukturiert und teambezogen abgehalten werden können! Da geht es immer um die Sache und nie um die Karriere der teilnehmenden Personen! Es gibt keine politischen Aussagen!»

- «Ich habe immer geglaubt, in den sozialen Institutionen sei noch vieles handgestrickt!»
- «Das Angebot der persönlichen Ausbildung ist in der Privatwirtschaft viel größer, dafür wird in sozialen Institutionen mehr Wert auf die Teamentwicklung und Supervision gelegt!»
- «Ich hätte mir nie vorstellen können, dass mit einem Menschen, der nicht mehr sprechen kann, die Kommunikation so gut funktioniert!»
- «Die Woche war ziemlich einfach, denn die behinderten Personen haben mir alle Schritte, die ich beim Helfen tun musste, ganz einfach erklärt!»
- «Ich merkte sehr schnell, dass durch meinen SeitenWechsel bei den betroffenen Menschen zusätzliche Lebensfreude und Lebensqualität entstand. Das macht mich sogar ein wenig stolz!»

In der Schlussdiskussion am Ende jeder Einsatzwoche kommt immer wieder zum Ausdruck, dass die meisten SeitenWechsler ein verändertes und viel besseres Bild über soziale Institutionen erwerben. Was unter diesem Aspekt interessant und für die soziale Institutionen und die jeweiligen SeitenWechsler zu diesem Zeitpunkt noch nicht genau erkennbar ist, ist die Frage, ob der SeitenWechsler durch die Einsatzwoche auch langfristig zu einem veränderten Blickfeld gegenüber sozial benachteiligten Personen gelangt oder ob sogar ein Einsatz auf Basis der Freiwilligkeit für eine soziale Institution entsteht. Diese Nachhaltigkeit ist leider nur sehr selten direkt ersichtlich.

Aus eigener Erfahrung stellen wir fest, dass nur wenige lang dauernde Beziehungen oder sogar Freundschaften entstehen, hingegen kurzfristig äußerst viel passiert, sei dies durch Kontakt via Mail, was für sehr viele Menschen mit einer Körperbehinderung die einfachste Kontaktform zur Kommunikation auf Distanz ist, sei dies mittels einer Spende, die einen eventuell existenten unmittelbaren Wunsch erfüllen kann, oder sei es sogar durch Hilfestellungen in Projektarbeiten für eine soziale Institution!

Es lohnt sich für alle Beteiligten

Zusammengefasst darf sicher in aller Deutlichkeit festgestellt werden, dass sich ein SeitenWechsel mit der richtigen Einstellung, der richtigen Vorbereitung, der richtigen Begleitung, der richtigen Nachbearbeitung, auf jeden Fall für alle betroffenen Seiten lohnt!

Ein Schritt auf eine für mich bis dahin schwach beleuchtete Seite der Gesellschaft

Erfahrungsbericht von Thomas Piehl, Hamburger Sparkasse
Einsatz in einer ambulanten Drogenberatungsstelle, Hamburg

Meine erste Berührung mit SeitenWechsel war der Bericht eines Vorstandsvorsitzenden einer weltweit operierenden und börsennotierten AG in mehreren Zeitungen. Spontan schossen mir Gedanken wie «soll so der Börsenkurs nach oben gebracht werden?» oder «der große Helfer präsentiert sich der Öffentlichkeit» durch den Kopf. Auch Diskussionen im Freundeskreis kurz danach hatten zwei Lager. Die großen Skeptiker und die überzeugten Anhänger und Interessierten. Ich war zunächst eher skeptisch. Meine persönliche Einstellung zum Projekt «SeitenWechsel» änderte sich durch die Diskussion mit einer Trainerin unseres Personalbereiches, wo ich für mich erkannte, SeitenWechsel ist primär eine Chance für mich und meine Persönlichkeit. Wie weit mein berufliches und privates Umfeld, die Öffentlichkeit oder die besuchten Einrichtungen profitieren, wollte ich nach meinen eigenen Erlebnissen entscheiden.

Nein, ich schildere im Folgenden nicht eine Kredit- oder Anlageberatung für einen vermögenden Santa-Fu-Insassen, und ich musste auch nicht wegen eines Strafzettels für einen Tag einsitzen. Ich habe teilgenommen am Projekt SeitenWechsel. Perspektiven wechseln, Grenzen – auch der psychischen Belastbarkeit – überschreiten, Verständnis entwickeln für das, was «anders» ist und auseinander setzen mit den Schattenseiten des Lebens – das ist Sinn und Zweck des Projektes SeitenWechsel. Angeboten als persönliche Weiterentwicklung für Führungskräfte hatte ich die Möglichkeit, eine Woche lang die Seiten zu wechseln, um in einer sozialen Institution zu hospitieren. Ich machte einen Schritt heraus aus der Business-Welt hinüber zur «dunklen Straßenseite» der Gesellschaft.

Als Banker, Leiter und Direktor des Regionalbereiches Süd der

Hamburger Sparkasse bin ich die erste Haspa-Führungskraft, die an diesem von unserem Personalbereich (PME) initiierten Programm teilgenommen hat. Meine Motivation? Es ist eine wichtige Erfahrung, ein anderes Umfeld zu nutzen, um sich selbst in Frage zu stellen, sich mit Themen zu beschäftigen, die einen sonst nicht tangieren, und eigene Wertmaßstäbe zu überdenken. Das wird von uns als Führungskraft ja schließlich auch täglich in unserer Wirtschaftswelt verlangt. Auf einer Marktbörse, bei der sich die anbietenden Organisationen vorstellten, entschied ich mich für den Einsatz in einer ambulanten Drogenberatung (MAEX), deren Arbeit zum Großteil im Gefängnis stattfindet. Ich hatte mich für dieses Projekt entschieden, da dies die Probleme Drogen und Knast kombiniert. Zu diesen Themen hatte ich bislang kaum Zugang, aber Drogen sind ein gesellschaftliches Problem, mit dem ich mich beschäftigen wollte. Außerdem kommen meine Kinder so langsam in das «kritische Alter», so dass ich auch privat von den Erfahrungen profitieren wollte.

Mein erster Tag

Es ist kurz vor acht an einem ganz normalen Tag im Mai. Ich war zeitlich ein bisschen im Stress und habe mir trotz intensiver Vorbereitung auf meinen SeitenWechsel für diesen Morgen gar nicht viele Gedanken gemacht, was mich konkret erwartet. Ich bin in den Knast gegangen wie in eine normale Besprechung, ganz sachlich. Und dann hat es mich kalt erwischt. Die Beratung findet statt in einer umgebauten Zelle mit Blick auf den Hof, auf dem die Insassen ihre tägliche Stunde Freigang verbringen. Linoleumgeruch, kalte Raumtemperatur – oder war es mein Gemütszustand? – Schlüssel rasseln, schwere Türen schlagen, die Insassen rennen im Kreis, es wird geschrien, die Stimmung ist aggressiv. Dieses Szenario hat sich mir eingeprägt, und noch heute habe ich die Geräuschkulisse im Ohr. Ich weiß nicht, wie man das auf Dauer ertragen kann. Mein SeitenWechsel am Ende des ersten Tages ist und bleibt mir noch gut im Gedächtnis: Es war ein warmer Tag, die Sonne schien. Ich war den ganzen Tag im Gefängnis und habe von draußen nichts mitbekommen. Als ich abends ging, war dies wie ein riesiger Schritt in ein anderes Leben, ein irres Gefühl.

Dimensionen des Elends

Welche Dimension das Problem «Droge» tatsächlich und vor allem im Strafvollzug hat, wurde mir schnell klar. Die Hälfte der Insassen im Untersuchungsgefängnis ist abhängig. Ich war und bin erschrocken über das Elend, das die Abhängigkeit mit sich bringt und wie wenig Möglichkeiten man hat, wirklich zu helfen. Die meisten Drogensüchtigen sind bereits zum wiederholten Mal hinter Gittern. Da eine wirkliche Resozialisierung selten gelingt und außerdem zu wenig konsequente und zielführende Therapien angeboten werden, ist die Beschaffungskriminalität leider immer wieder die «Eintrittskarte» für den Strafvollzug. Für die Berater ist es offensichtlich schon ein Erfolg, wenn einer erst nach zwölf Monaten wieder hinter Gittern landet und nicht schon nach fünf.

Viele sagen, dass «wegschließen» eine Lösung sei, aber ich habe gesehen, dass damit gar nichts erreicht wird. Die Zustände im langfristigen Strafvollzug tragen nicht unbedingt dazu bei, sich auf ein normales Leben draußen vorzubereiten. Bis zu acht Mann in einer Zelle, von den sanitären Umständen ganz zu schweigen. Ein Schicksal hat mich besonders berührt: Ein Häftling wurde drei Monate vor Ende seiner regulären Zeit entlassen, da im Knast kein Platz war. Für den Mann eigentlich schön, aber seine im Knast angefangene Ausbildung konnte er so nicht beenden, geschweige denn die Prüfung ablegen. Er muss versuchen, sich draußen einen Arbeitgeber zu suchen, die Chancen dafür: eher null. So viel zum Thema Resozialisierung. Da kommt naturgemäß Frust auf.

Was mich erstaunt hat, war mein eigenes positives Gefühl gegenüber den Insassen, mit denen ich zu tun hatte, obwohl alle Straffällige sind, die zur Finanzierung ihrer Sucht auch schon mal in Häuser einsteigen. Eigentlich regte sich bei mir da eher Aggression, denn das Thema Einbruch ist eines, was insbesondere meinen Kindern und uns immer wieder Angst macht. Aber als ich die Menschen dann kennen gelernt habe, war mir keiner unsympathisch und das Delikt eher zweitrangig. Das menschliche Schicksal stand im Mittelpunkt. Ich habe Verständnis entwickelt, Angst und Ärger waren weg. Bewundert habe ich die Offenheit der Betroffenen, die ohne Berührungsängste mit mir – dem Neuling – gesprochen und schonungslos berichtet haben. Es ist schon erstaunlich, wie ein Wechsel der Seiten völlig neue Perspektiven bringt.

«Krisenhelfer»

Am zweiten Tag meiner SeitenWechsel-Woche hatte ich einen «Kriseneinsatz» in der offenen Beratung, dem zweiten Arbeitsfeld der Einrichtung, in dem alle Facetten menschlichen Schicksals und alle gesellschaftlichen Gruppen vertreten sind. Ein abhängiges Pärchen hatte ein Kind bekommen, das zwecks Entzug nach der Geburt im Krankenhaus bleiben musste. Die Eltern werden üblicherweise begleitend auch dort untergebracht. Die beiden waren natürlich vom Outfit und vom Auftreten her deutlich anders als die anderen Mütter und Väter, die um ihre Neugeborenen bangen. Und das führte zu Ängsten, zu Spannungen, Krisen und schließlich zur Eskalation, als die Klinikleitung drohte, Kind samt Eltern an die Luft zu setzen. Die beiden Drogensüchtigen sahen das Kind als Chance für eine Rückkehr in ein normales Leben, das Kind ist ihre Zukunft, und sie hatten Angst, dass man ihnen das Sorgerecht entzieht. Für «normale Eltern», Ärzte und Schwestern waren sie einfach nur eine Bedrohung. Angst und Panik also auf beiden Seiten. Ich konnte im Gespräch mit allen Beteiligten meine Erfahrung im Umgang mit Mitarbeitern und

Konflikten einbringen, und zum Glück konnten wir, die Psychologin und ich, die Situation entspannen. Ich denke noch heute oft, ob die beiden ihrer Rolle als Eltern wohl gerecht werden.

Verarbeitung und Erkenntnisse

Die Arbeit in der Drogenberatung nimmt einen psychisch sehr mit. In der jeweiligen Situation hatte ich mich gut im Griff, aber abends war ich total fertig und nicht in der Lage, irgendetwas zu tun, außer mit meiner Frau über meine Erfahrungen zu reden und meinen Gedanken nachzuhängen. Von den Beratern habe ich gelernt, dass man sich im Privatleben von den beruflichen Problemen abgrenzen und seinen Akku wieder aufladen muss, sonst kann man seine Arbeit dauerhaft nicht erfolgreich machen. Ich habe hohe Achtung vor den Menschen in der Sozialarbeit gewonnen. Aber auch dort tut der eine oder andere auch nur einfach einen sehr geregelten Job, ohne viele Ideale.

Für meinen Job in der Haspa fühle ich mich darin bestätigt, noch mehr auf das ganze Schicksal eines Menschen zu schauen, nicht nur auf einen isolierten oder vordergründigen Aspekt. Das ist eine Erkenntnis, die sich sowohl beruflich als auch privat auszahlen wird. Es war eine tolle Erfahrung für mich, über den Tellerrand zu schauen. Man beschäftigt sich mit Dingen, über die man sonst nicht nachdenkt, redet mit Menschen, die man sonst nicht kennen lernt, denkt weiter als vorher und stellt Fragen, die einem früher nicht eingefallen wären. Das Thema Droge und insgesamt die Randgruppen sind viel näher, als man denkt, und ich bin mutiger geworden, solche Fragen zu stellen.

Das Projekt kann ich anderen von der Sache überzeugten Führungskräften nur empfehlen. Ich denke, beide Seiten profitieren von den unterschiedlichen Betrachtungsweisen, und man bekommt Zugang zu einer anderen Denkweise. Die Woche selbst in einem tollen Team und insbesondere die Gespräche danach mit Kollegen, Mitarbeitern, Freunden, Familie, Neugierigen waren ein beeindruckendes Erlebnis. Durch das Projekt SeitenWechsel konnte ich Gespräche führen, die weit über die Sache hinausgingen. So waren sehr schnell persönliche Werte, Einstellungen und auch Gefühle Gesprächsgegenstand. Es sind neue Kontakte entstanden und bestehende Beziehungen sogar vertieft worden.

Eine Überzeugung habe ich noch aus der Woche mitgenommen: Die einzige Chance, aus dem Drogenkreislauf auszubrechen, aber auch insgesamt die Stabilisatoren unserer Gesellschaft, sind meiner Meinung nach ein geregelter Tag, ein Job, Hobbys, Freunde und Familie und natürlich ein cleaner Partner, der nichts mit der Szene zu tun hat.

SeitenWechsel im Frauenhaus Luzern

Annelies Eichenberger und Andrea Wechlin, Mitarbeiterinnen im Leitungsteam des Frauenhauses Luzern

Das Frauenhaus Luzern bietet seit 1984 gewaltbetroffenen Frauen und ihren Kindern rund um die Uhr Schutz, Unterkunft und Beratung. Das Haus befindet sich in der Stadt Luzern und bietet Platz für sieben Frauen mit oder ohne Kinder. Der genaue Standort des Hauses ist aus Sicherheitsgründen geheim. Zu jeder Tages- und Nachtzeit können misshandelte Frauen aufgenommen oder telefonisch beraten werden.

Das Frauenhaus Luzern versteht sich als Kriseninterventionsstelle und als Zwischenstation auf dem Weg zur Lösung schwieriger, durch häusliche Gewalt ausgelöste Probleme. In Ruhe und Sicherheit können Frauen ihre Situation überdenken, sich über ihre Rechte informieren und Schritte planen, um ihre Ehe/Beziehung oder ihr Leben zu verändern. Ca. ein Drittel der Frauen kehrt zu ihrem Partner zurück, und zwei Drittel bereiten sich auf ein Leben ohne den gewalttätigen Partner vor. Je nach Situation kann die Aufenthaltsdauer nur einige Stunden oder mehrere Monate dauern.

Neben der Beratung und Begleitung gewaltbetroffener Frauen und deren Kinder arbeitet das Frauenhaus Luzern in verschiedenen interdisziplinären Arbeitsgruppen mit, so zum Beispiel im Luzerner Interventionsprojekt gegen häusliche Gewalt (LIP), und leistet wichtige Öffentlichkeits- und Sensibilisierungsarbeit zum Thema häusliche Gewalt.

Der Betrieb Frauenhaus Luzern

Ein Leitungsteam, bestehend aus vier Sozialarbeiterinnen und zwei Sozialpädagoginnen, führt den Betrieb des Frauenhauses. Sie sind zu je 65 Prozent angestellt. Zeitweise absolviert eine Studierende der Fachhochschule für Soziale Arbeit ihr Praktikum im Frauenhaus. In der Nacht und am Wochenende arbeiten Nachtfrauen (freiwillige Mitarbeiterinnen) und gewährleisten den 24-Stunden-Betrieb.

Die Beratungsarbeit des Leitungsteams ist in zwei Fachbereiche gegliedert:

– Der Fachbereich Frauenberatung wird von den Sozialarbeiterinnen geleitet und beinhaltet folgende Aspekte:
Rechtliche Information zu Trennung, Scheidung, Strafanzeige, Aufenthaltsbewilligung, Unterstützung in der Verarbeitung der Gewalterlebnisse, Vermittlung von RechtsanwältInnen, ÄrztInnen, TherapeutInnen etc. Die Rolle der Sozialarbeiterin besteht darin, der betroffenen Frau den erforderlichen Beistand und die nötigen Informationen für eine Entscheidung zu geben. Ziel des Fachbereiches Frauenberatung ist es, dass die betroffenen Frauen eine eigenverantwortliche Entscheidung treffen können.

– Der Fachbereich Kinder und Mütter wird von den Sozialpädagoginnen geleitet und beinhaltet folgende Aspekte:
Begleitung der Kinder in der Alltagsbewältigung, der Verarbeitung der Gewalterlebnisse, der Zukunftsplanung, Hilfe zur Entlastung von Schuldgefühlen etc., Beratung der Mütter in rechtlichen Fragen, in Erziehungsfragen, Planung der Zukunft unter Einbezug der Interessen der Kinder etc. Da für viele Frauen die Mutterrolle der wichtigste Teil ihrer Identität ausmacht, ist die Aufteilung in die beiden Fachbereiche Frauenberatung und Mütterberatung wichtig und sinnvoll, um die verschiedenen Bedürfnisse und Interessen aufnehmen zu können.

Neben der Einzelberatung von Frauen und Kindern sind die Begleitung im Alltag, telefonische Beratung von Gewaltbetroffenen, Angehörigen und Fachpersonen wichtige Schwerpunkte der Arbeit des Leitungsteams.

Der Verein zum Schutz misshandelter Frauen ist der Trägerverein des Frauenhauses Luzern. Er garantiert die für die Führung des Betriebes notwendigen finanziellen Mittel, leistet Öffentlichkeitsarbeit und betreibt seit Herbst 2002 die Bildungsstelle häusliche Gewalt.

Leben im Frauenhaus

Im Jahre 2000 mussten gesamtschweizerisch 812 Frauen mit insgesamt 841 Kindern Schutz vor der Gewalt des Partners in einem Frauenhaus suchen; dies bedeutet, dass sich jede Nacht 120 Frauen und Kinder in einem Frauenhaus in der Schweiz verstecken müssen.

Im Jahr 2001 mussten 106 Frauen mit 124 Kindern vor ihren gewalttätigen Partnern/Väter ins Frauenhaus Luzern flüchten. Fast ebenso viele mussten aufgrund Überbelegung ab- bzw. weitergewiesen werden.

Frauen und Kinder, die Zuflucht suchen müssen, befinden sich in einer Krise und benötigen angemessene Betreuung und Beratung. Die Bewohnerinnen und ihre Kinder haben unterschiedliche psychische, physische und/oder sexuelle Gewalterfahrungen gemacht und haben mit entsprechenden Symptomen zu kämpfen. Körperlich misshandelte Frauen und Kinder oder Frauen, die vergewaltigt wurden, benötigen zusätzlich schnelle ärztliche Hilfe. Die meisten Frauen haben Schlafprobleme, sind nervös und leiden unter massiven Ängsten; Gewohntes musste, oft fluchtartig, verlassen werden, und es gilt, sich in einer neuen Situation zurechtzufinden. Ebenso machen Frauen mit ihrem Frauenhauseintritt ihre Situation öffentlich, erzählen vielleicht zum ersten Mal vom Erlebten und müssen damit viele, auch nachteilige Konsequenzen tragen: Aufgabe der Arbeitsstelle, Verlust der Aufenthaltsbewilligung, Erhöhung der Gefahr der Kindsentführung, Ächtung durch Familienangehörige etc. Kinder müssen viel Vertrautes wie Spielsachen, Haustiere, Freunde und Freundinnen zurücklassen.

Die Raumverhältnisse im Frauenhaus sind eng – pro Familie steht ein Zimmer zur Verfügung.

Obwohl sich jede Frau an den Hausarbeiten und an der Organisation des Hauses beteiligt, gestaltet sie ihren Alltag selbst und kümmert sich auch persönlich um ihre Kinder. Die Gruppensituation ist dadurch sehr lebendig und bewegt. Kein Tag verläuft wie der andere. Das verlangt viel Flexibilität und Toleranz von den Bewohnerinnen, ihren Kindern und den Mitarbeiterinnen. Das zeitlich befristete Zusammenleben im Frauenhaus ermöglicht den betroffenen Frauen und Kindern den Austausch mit anderen Betroffenen. Sie erfahren, dass ihre eigenen Gewalterlebnisse kein persönliches Versagen bedeuten. Die ähnlichen Erfahrungen, zum Beispiel Flucht, Angst, Unterdrückung, unklare Zukunft etc., ermöglichen viele Gespräche, gegenseitiges Vertrauen und Kontakte.

Warum beteiligt sich das Frauenhaus Luzern am Projekt SeitenWechsel?

Das Frauenhaus Luzern beteiligt sich seit 1999 aus folgenden Überlegungen am SeitenWechsel:

Öffentlichkeitsarbeit

Wie bereits beschrieben, ist das Frauenhaus eine «geschlossene Organisation»; der Standort ist aus Sicherheitsgründen geheim. Einzelne Bewohnerinnen sind akut gefährdet. Im Gegensatz zu einem Heim können somit keine Führungen oder Besichtigungen für die Öffentlichkeit gemacht werden. Über das Frauenhaus als parteilich feministische Organisation existieren in der Gesellschaft noch immer viele Vorurteile, die es abzubauen gilt.

Zudem ist das Thema «Gewalt an Frauen und Kindern» noch immer tabuisiert; es kann Angst machen, die eigene Hilflosigkeit wird spürbar, oder man wurde bis anhin gar nicht damit konfrontiert.

Die Leitung des Frauenhauses macht es sich deshalb zur Aufgabe, die Öffentlichkeit mit unterschiedlichen Aktionen immer wieder über die Situation von gewaltbetroffenen Frauen und Kindern zu informieren und den Bewohnerinnen als Betroffenen die Möglichkeit zu geben, das Erlebte aus ihrer Sicht darzustellen.

Aus diesem Grund finden wir es wichtig, dass das Frauenhaus auch ganz gezielt Frauen in Führungspositionen aus der Wirtschaft die Möglichkeit gibt, direkt mitzuerleben, wie in einem Frauenhaus gearbeitet und gelebt wird. Dies schafft eine Nähe und Betroffenheit, die weit über das Lesen von Fachliteratur und Erfahrungsberichten hinausgeht.

Kontakt mit betroffenen Frauen und Kindern

Eine SeitenWechslerin erlebt im Frauenhaus den sehr nahen Kontakt mit den Frauen und Kindern. Die Bewohnerinnen sind informiert, weshalb diese «neue Frau» während einer Woche im Frauenhaus ist. Der Kontakt entsteht auf unkomplizierte Weise; die SeitenWechslerin ist in der Frauengruppe, nimmt mit allen zusammen die Mahlzeiten ein, spielt mit den Kindern. So hört sie von den Bewohnerinnen direkt, was ihnen geschehen ist und was ihre weiteren Pläne sind. Sie erlebt die Bewohnerinnen im Alltag als Mütter oder als Berufsfrauen, die trotz ihrer schwierigen Situation, viele Ressourcen haben und darauf ihre Zukunft aufbauen können.

In einem Vorgespräch vor einem Einsatz hatte eine Seiten-Wechslerin die Befürchtung, dass im Frauenhaus eine traurige, gedrückte Stimmung vorherrschen würde und sie ob der schweren Schicksale der Bewohnerinnen sicher werde weinen müssen. Die SeitenWechlerin konnte ab ihrem ersten Einsatztag unter anderem als Übersetzerin beigezogen werden und bewies viel Geduld, Verständnis und Courage. Sie erlebte auch, wie spontan und fröhlich Frauen und Kinder im Frauenhaus sein können.

Eine SeitenWechslerin im Frauenhaus erlebt, was es heißt, in der Nacht im Frauenhaus präsent zu sein. Sie kann eine Nachtfrau während ihrer Schicht vom Abend bis am Morgen begleiten und erlebt, dass sich die Atmosphäre im Haus, die Stimmung in der Gruppe, aber auch die Ängste ganz anders zeigen als am Tag.

Die SeitenWechslerin erlebt, dass misshandelte Frauen Möglichkeiten haben, aus einer Misshandlungsbeziehung auszubrechen, dass es Angebote wie das Frauenhaus gibt, mit denen ihnen geholfen werden kann. Dies ist wichtig, da sie als Vorgesetzte mit potenziellen Misshandlungsopfern in Kontakt kommen und nur dann Hilfe anbieten kann, wenn sie über passende Hilfsangebote Kenntnis hat.

Eine SeitenWechslerin kann auch sehr belastende Situationen erleben, in denen es für eine misshandelte Frau keine gute Lösung nach dem Frauenhaus gibt; zum Beispiel wenn sie wieder in die Misshandlungsbeziehung zurückkehrt. In solchen Fällen ist eine sorgfältige Begleitung und genügend Zeit für Gespräche zwischen Sozialarbeiterin und SeitenWechslerin wichtig.

Austausch von Berufsfrau zu Berufsfrau

Der Austausch von der Berufsfrau Sozialarbeiterin/Sozialpädagogin zur Berufsfrau Managerin aus einem Unternehmen der Wirtschaft erachten wir als sehr bereichernd. Neben einem fachlichen Austausch über das Thema «Gewalt» geschieht ein Austausch über unterschiedliche Arten von Betriebs- und Personalführung, der für beide Seiten sehr spannend sein kann.

Eine SeitenWechslerin hat sich zum Beispiel einmal darüber geäußert, wie innerhalb des Leitungsteams mit Informationen umgegangen wird. Sie sagte: «Bei euch sind immer alle über alles informiert, alle beteiligen sich an Entscheidungsprozessen und tragen Verantwortung mit. In unserem Betrieb wird befohlen und ausgeführt.»

Es war ihr neu, die Arbeit eines reinen Frauenteams ohne Chefin mitzuerleben – und vor allem zu erfahren, dass dies bereits seit bald 20 Jahren gut funktioniert und sich die Organisation Frauenhaus durch gute Arbeitsbedingungen und eine hohe Arbeitszufriedenheit auszeichnet.

Aufgrund unserer Erfahrungen mit den SeitenWechslerinnen erachten wir den Versuch als gelungen und freuen uns über weitere Einsätze von interessierten Frauen.

SeitenWechsel in der Psychiatrischen Klinik Königsfelden

Dr. Fritz Ramseier, Klinikdirektor, Psychiatrische Klinik Königsfelden

Vom «SeitenWechsel» hörte ich das erste Mal an einem dienstlichen Anlass. Nach einem Referat über Katastrophenpsychiatrie kam ein Teilnehmer und berichtete mir zu meinem großen Erstaunen, er als Bankangestellter habe kürzlich eine Woche in einer Psychiatrischen Klinik hospitiert. Diese Idee leuchtete mir sofort ein. Wir haben in unserer Klinik immer wieder «Rockzipfel-Praktikanten», das heißt Leute, die einen oder zwei Tage einen unserer Oberärzte bei seiner Arbeit begleiten. Dabei handelt es sich um Außendienst-Mitarbeiter von Pharmafirmen, Großräte, Schriftsteller etc., die die Psychiatrie einmal sozusagen aus erster Hand erleben wollen. Diese Besucher sind dann immer sehr beeindruckt von der Arbeit, die in einer Klinik geleistet wird, und mit diesen positiven Erfahrungen im Hintergrund brauchte es wenig, um die Klinikleitung vom Sinn von SeitenWechsel-Einsätzen zu überzeugen.

Die Psychiatrie – das «Armenhaus» der Medizin – hat zwei große Handicaps:

Der Gedanke, einmal selbst psychisch krank zu werden, ängstigt auf der einen Seite die Menschen derart, dass sie sich nicht mit diesem Fachgebiet auseinander setzen wollen; und andererseits sind die Fachärzte für Psychiatrie kaum in der Öffentlichkeit präsent. Niemand weiß eigentlich genau, was in einer Psychiatrischen Klinik oder in einer Psychotherapie geschieht. Die vielen Witze, die über Psychiater gemacht werden (zieht man etwas ins Lächerliche, hat man weniger Angst davor), sind auch nicht dazu angetan, das Fachgebiet den Laien näher zu bringen.

Wir haben dasselbe Problem mit den Medizinstudenten, die das Fach, solange sie es nur von Vorlesungen kennen, eher meiden, dann aber begeistert sind, wenn sie einmal in einer Klinik arbeiten.

Die Psychiatrie, die Psychiater und die psychiatrischen Patienten kämpfen mit einem Stigma. Dieses wird durch Kontakte, wie sie im SeitenWechsel-Projekt zustande kommen, nachhaltig abgebaut. Der Besucher, der uns bei der Arbeit begleitet, vergisst sehr bald seine ursprünglichen Ängste und Vorurteile und ist in der Regel fasziniert von den vielfältigen Aspekten der psychiatrischen Tätigkeit.

Beeindruckt, ehrfürchtig bis eingeschüchtert melden sie sich jeweils am ersten Tag im 130-jährigen, imposanten Hauptgebäude unserer Klinik und unterschreiben eine Erklärung, die sie auf das ärztliche Geheimnis verpflichtet.

Froh, diesen majestätischen Hallen entflohen zu sein, begleiten sie mich dann auf die Verwaltung, um ihren Klinikschlüssel in Empfang zu nehmen. Danach werden sie gleich ins kalte Wasser geworfen, wenn ich sie an den Morgenrapport auf ihre Abteilung bringe. Der Gang dorthin durch unser weitläufiges Gelände gibt ihnen einen Eindruck von der Größe des Spitals, und der Morgenrapport lässt sie erahnen, wie vielschichtig die Probleme der hier behandelten Patienten sind.

Der SeitenWechsler begleitet «seinen» Oberarzt bei den täglichen Rapporten, den Visiten, den Gesprächen mit neu eingetretenen Patienten und bisweilen sogar an Gerichtstermine. Daneben wird er vom Pflegedienst in die Betreuung einzelner Patienten einbezogen, besucht die Ateliers und die verschiedenen geschützten Werkstätten auf unserem Areal.

Am letzten Tag sehe ich die SeitenWechsler nochmals in meinem Büro, um die Woche Revue passieren zu lassen und allfällige Fragen zu beantworten.

Dabei äußern sie sich immer begeistert über ihren Einsatz und sind vor allem erstaunt darüber, wie viel Zeit man sich bei Gesprächen mit den Patienten nimmt, sind aber auch beeindruckt von der Art und Weise der Gesprächsführung. Zudem bewundern sie den Einsatz und die Arbeit unter großen psychischen Belastungen, die unsere Mitarbeiter leisten.

190

Die Angst vor der Psychiatrie ist einem großen Respekt für die vielfältige Tätigkeit mit psychisch kranken Menschen gewichen.

So verlassen sie unsere Klinik eigentlich als «Botschafter für die Psychiatrie» – die bisherigen SeitenWechsler haben diesem Namen auch in verschiedenen Beiträgen in kleineren und größeren Tageszeitungen bereits alle Ehre gemacht – und stehen als Bürger, aber auch als Arbeitgeber den Anliegen der Psychiatrie und ihrer Patienten ganz anders gegenüber als vorher.

Teil 4

Die Manager und die soziale Kompetenz

Warum tun die das? Was versprechen sie sich davon? Ein einwöchiger Einsatz in einem Behindertenheim macht doch aus einem hartgesottenen Manager keinen feinfühligen Teamplayer! Und wo sind die Männer an der Spitze? «Natürlich würde es uns auch gut tun, aber die Verantwortung, die ökonomische, die soziale …»

Erfahrung ist die Mutter der Weisheit

Marcel Ospel, Präsident des Verwaltungsrates UBS AG, Basel

Über tausend Mitarbeiterinnen und Mitarbeiter aus privaten Firmen und sozialen Institutionen in der Schweiz sind bis heute im Rahmen des Projekts SeitenWechsel jeweils für einige Tage in eine neue Berufswelt eingetaucht und haben dabei wertvolle persönliche Erfahrungen gemacht. Bei der UBS ist der SeitenWechsel fester Bestandteil der Führungsausbildung des Management-Nachwuchses. Er dient der Horizonterweiterung und Stärkung der im Umgang mit Kunden und Mitarbeitenden unentbehrlichen Sozialkompetenz.

Erfahrung ist die Mutter der Weisheit, heißt es in der Philosophie. «Sieh ein Gebirge, einen Berg, ein Meer, einen Fluss – und du hast alles gesehen», schreibt Sokrates. Und unsere SeitenWechsler bestätigen fast einhellig, dass ihnen die Arbeit mit Menschen am Rande der Gesellschaft die Augen für größere Zusammenhänge geöffnet hat. Dazu gehört nicht zuletzt die Fähigkeit, Ereignisse und Abläufe richtig einzuordnen und die Tragweite von Entscheiden und Handlungen im Zusammenhang mit Menschen besser einschätzen zu können.

Im Rampenlicht steht beim SeitenWechsel ganz klar die praktische Herausforderung. Wie kann ich einen 14-jährigen Jugendlichen dazu motivieren, wieder regelmäßig zur Schule zu gehen? Wie organisiere ich eine Autofahrt mit drei geistig behinderten Menschen? Wie finde ich Zugang zu psychisch kranken Patienten? Solche und ähnliche Fragestellungen sorgen mitunter dafür, dass unsere im Beruf so souveränen Bankmanager an ihre persönlichen Grenzen stoßen.

Genau zuhören, treffend analysieren, klar kommunizieren, glaubhaft motivieren, mit einer schwierigen Gruppe ein Ziel erreichen, unangenehme Themen anpacken und Konflikte austragen: Das sind die wesentlichen Aufgaben, die überall dort anfallen, wo

Menschen mit Menschen zu tun haben. Gerade im sozialen Bereich erfordern konstruktive Lösungen oft mehr Einsatz als in der Wirtschaft, wo Auseinandersetzungen durch Hierarchien und klare Kompetenzzuweisung zumindest formell entschärft werden können. Ich bin überzeugt, dass uns der Austausch einen ganz direkten Nutzen bringt. Unsere Kaderleute lernen andere Wertesysteme kennen, interessieren sich stärker für gesellschaftliche Zusammenhänge und werden belastbarer. Sie erkennen ihre eigenen Grenzen und auch die Grenzen ihrer Mitmenschen. «In meinem Alltag geht es um Zinsen und Viertelprozente, um Aktien und Obligationen. Hier geht es um die elementare Frage, ob ein Mensch eine halbe Stunde Spaziergang bewältigen kann. Alles ist viel elementarer. Nichts ist selbstverständlich. Ich empfinde eine tiefe Dankbarkeit und Bescheidenheit», schrieb einer unserer SeitenWechsler kürzlich in seinem Erfahrungsbericht.

Aus Sicht des Unternehmers liegen mir solche, an der Basis erworbenen Erfahrungen ganz besonders am Herzen. Gerade in jüngster Zeit haben wir erlebt, dass gewisse Manager die Bodenhaftung vollständig verloren haben. Der Konjunkturrückgang und die harte Korrektur an den Börsen haben teilweise bedenkliche Entwicklungen ans Licht gebracht. Bilanzen wurden manipuliert, Scheingewinne ausgewiesen, und Manager, die nie schwarze Zahlen schrieben und spektakulär scheiterten, ließen sich für ihre Misserfolge sogar noch fürstlich bezahlen. Solche Verhaltensweisen zeigen, dass auf dem Gebiet der Sozialkompetenz im Management noch große Lücken und Nachholbedarf bestehen.

Führungskräfte müssen ihre Verantwortung gegenüber allen Gruppen der Gesellschaft wieder stärker wahrnehmen. Wir brauchen eine Unternehmenskultur, welche Transparenz, Ehrlichkeit und Augenmaß fördert. Was liegt näher, als sich dieses Augenmaß mit einem Augenschein in der Welt sozial oder gesundheitlich benachteiligter Mitmenschen zu verschaffen?

«Ich wechsle täglich die Seite»

Interview mit Dr. Anton Scherrer, CEO der Migros

Die Migros ist das größte Detailhandelsunternehmen der Schweiz. Zum Migros-Konzern gehören auch Produktions- und Dienstleistungsunternehmen. Einzelne Unternehmen der Migros bieten ihren Führungskräften den SeitenWechsel auf freiwilliger Basis seit 1996 an.

Anton Scherrer ist seit 2001 Präsident der Verwaltungsdelegation (CEO). Das Interview führte Tony Ettlin.

Herr Scherrer, was verstehen Sie unter «sozialer Kompetenz», und welche Bedeutung hat diese im Management?

Soziale Kompetenz heißt für mich vor allem «tragfähige Beziehungen aufbauen». Dazu gehört der Kontakt zu den Kunden, Eigentümern, Lieferanten, Mitbewerbern und, wie am Beispiel der Migros ersichtlich, den Kontakt mit Exponenten aus Politik, Wirtschaft, Kultur, Wissenschaft und Medien zu suchen und zu pflegen. Wer führt, braucht Kontakt und sollte Freude daran empfinden.

Um eine Organisation auf Erfolgskurs zu führen und zu halten, genügt jedoch soziale Kompetenz im Management allein nicht. Eine Führungspersönlichkeit hat die Kommunikations- und Geschäftsprozesse in ihrem Verantwortungsbereich zu gestalten und auch in kritischen Situationen zu steuern. Aber auch noch so raffinierte Konzepte, noch so blendende Strategien und noch so überzeugende Business-Pläne verkümmern zu Makulatur, wenn nicht eine Persönlichkeit dahinter steht, die sich damit verbindet, die sich mit spürbarem Willen dafür einsetzt und sich dafür exponiert. Man muss sich für eine Sache einsetzen wollen. Führen kann man nur leidenschaftlich.

In letzter Zeit lesen wir immer wieder von Managementfehlern, die stolze Unternehmen in eine Krise stürzen. Sehen Sie den Grund für diese Fehler auch in gestörten Beziehungen oder in der Beziehungsunfähigkeit der Manager?

Der Grund für viele Fehler, die wir in letzter Zeit beobachten mussten, liegt in der Abgehobenheit der Manager, verbunden mit dem Nichteingehen auf die Wissens- und Meinungsträger, dem Ausweichen vor der Auseinandersetzung. Das ist etwas Wichtiges, das bei der Migros hoch entwickelt ist. Wir haben eine Kultur, die die Auseinandersetzung lebt. Unsere Strukturen zwingen uns dazu. Die einzelnen Unternehmensteile haben eine hohe Autonomie, und trotzdem müssen wir zusammenarbeiten, wenn wir erfolgreich sein wollen. Das zwingt uns dazu, gut zu führen, zu überzeugen, und das können Sie nur, wenn Sie auf den andern eingehen und er oder sie Vertrauen zu Ihnen hat.

Ich bin davon überzeugt, dass unsere oft als schwerfällig beschriebene Struktur zu qualitativ besseren Lösungen führt. Wir haben einen schwereren Weg zu gehen, bis die notwendigen Entscheidungen getroffen sind, aber dann werden sie getragen. Aber das stellt einen hohen Anspruch an die Führung und braucht unbedingtes Vertrauen. Sonst geht gar nichts.

Soziale Kompetenz umfasst folglich auch die Fähigkeit, Vertrauen aufzubauen und auf andere einzugehen. Wo haben Sie diese Fähigkeiten erworben?

Am prägendsten waren wohl meine frühen Erfahrungen im Elternhaus. Ich bin auf einem Bauernhof aufgewachsen. Wir haben alle an einem Tisch gegessen: Eltern, Kinder, Angestellte. Das war eine Gemeinschaft. Wir lernten, uns einzuordnen und Respekt für die Rollen der anderen zu entwickeln. Gleichzeitig lernten wir, Vertrauen zu bekommen und Vertrauen zu schenken. Das setzt sich in der

Schule und später im Berufsleben fort. Man kommt nicht umhin, schon sehr früh zu lernen, sich durchzusetzen – aber auch, die eigenen Wünsche und Bedürfnisse für einmal hintanzustellen. Natürlich führen solche Situationen zu Widerstand, aber Widerstand fordert heraus. Soziale Kompetenz und die Persönlichkeit können daran wachsen.

Haben Sie in Ihrer Karriere auch einen markanten SeitenWechsel gemacht, einen Wechsel in eine neue Rolle oder ein unbekanntes Umfeld? Was haben Sie dabei gelernt?

Einen eigentlichen SeitenWechsel, so wie er in Ihrem Programm durchgeführt wird, habe ich nie gemacht. Aber ich habe in sehr vielen Rollen gelebt. Die Wechsel im Militär von einer hohen Stabsfunktion in eine Rekrutenschule oder im Beruf von der Technik ins Marketing oder in die Finanzen, das waren immer Herausforderungen, die mir eine andere Sicht und eine Chance zur Neubeurteilung gaben. Aber eigentlich mache ich jeden Tag viele Seiten-Wechsel, in jedem Gespräch. Ich versuche, mich in die Lage des Gesprächspartners zu versetzen. Es interessiert mich, was dieser Mensch wohl denken mag, was ihn beschäftigt. Warum er wohl diese Frage stellt oder eine bestimmte Ansicht vertritt. Das Wichtigste ist die Grundhaltung: Der andere interessiert mich. Und das nicht nur mit dem Kopf, sondern als Selbstverständlichkeit, als Bedürfnis. Sozialkompetenz ist nicht etwas, das man fallweise abrufen kann. Dann wäre sie unglaubwürdig.

Die Migros hat in ihren Statuten den Begriff des «sozialen Kapitals» und die soziale Verantwortung wird auch in anderen Aussagen als Unternehmenswert dargestellt. Was verstehen Sie darunter, und wie nimmt die Migros ihre soziale Verantwortung wahr?

Ich sehe darin vor allem die Fairness gegenüber den Mitarbeitenden.

Soziale Verantwortung kann aber nicht so weit gehen, dass sie zur sozialen Hängematte wird. Die Haltung: «Was soll das, ich bin ja angestellt und muss mich ja nicht mehr speziell anstrengen.» Das kann es nicht sein. Soziale Verantwortung heißt für mich, dass man auf die Anliegen der Beteiligten aller Stufen eingeht und dafür sorgt, dass sie sich bei ihrer Arbeit wohl fühlen. Das Wohlbefinden führt dazu, dass gute Leute sich angezogen fühlen, aber jeder muss natürlich seine Leistung erbringen.

Das Wohlbefinden hängt von vielen Faktoren ab, Arbeitsbedingungen, Unternehmenskultur, Salär ...

... soziale Leistungen, Unterstützung bis in die Familien hinein. Aber das Entscheidende ist der zwischenmenschliche Umgang und Respekt, den wir auch fordern. Klare Grenzen setzen gehört dazu. Es darf nicht alles toleriert werden.

Sie haben zum Stichwort «Soziale Verantwortung» spontan die interne Seite beschrieben. Wie sehen Sie die Verantwortung der Migros gegen außen, gegenüber der Gesellschaft?

Die Migros mit ihren 82 000 Mitarbeitenden hat natürlich eine große soziale Verantwortung. Dazu kommen die vielen Zulieferbetriebe. Wir beziehen fast ein Drittel der gesamten landwirtschaftlichen Produktion der Schweiz. Da spüre ich eine große volkswirtschaftliche Verantwortung.

Genau da kommt die Migros ab und zu in die Kritik. Sie wird als Preisdrückerin dargestellt. Sie missbrauche ihre Einkaufsmacht.

Da haben wir in den letzten Jahren eine gute Kultur entwickelt. Ich bin ja von bäuerlicher Herkunft und setze mich für faire Bedingungen ein. Das heißt aber nicht, dass nicht Leistung verlangt wird.

Wir müssen uns und unsere Lieferanten fordern, damit wir die Bedürfnisse der Kunden befriedigen können.

Soziale Verantwortung heißt auch, zu wissen, wo die Ware herkommt und unter welchen Bedingungen sie produziert wurde.

Auch da hat sich in den letzten Jahren viel verändert. Es ist Teil unserer Unternehmensethik, dass wir darauf achten, dass die Lieferanten nach unseren festgelegten ethischen Kriterien produzieren. Ich erinnere an die Eco-Programme, die garantieren, das diese Textilien unter fairen sozialen und ökologischen Bedingungen produziert wurden, zum Beispiel dass Kinder eine Ausbildung bekommen. Oder der kontrollierte Fischfang. Letztes Jahr verkauften wir für 1,7 Milliarden Franken Waren aus solchen kontrollierten Sortimenten. Das ist eine Zunahme von 30 Prozent in einem Jahr!

Da wird die soziale Verantwortung zu einem Marktfaktor.

Es ist eine Geschäftsphilosophie. Wir produzieren einen ökologischen und sozialen Zusatznutzen in den Herkunftsländern und für die Konsumenten. Die Kunden wollen mit gutem Gewissen einkaufen. In einem hoch entwickelten Land wie der Schweiz ist das ein essentieller Bestandteil der geschäftlichen Tätigkeit.

Gibt es auch ethische Regeln in Bezug auf das, was Ihre Produkte gesellschaftlich anrichten?

Da hat die Migros eine lange Tradition: kein Tabak, keinen Alkohol. Die Migros verkauft nur gesunde Produkte. Unser Gründer Gottlieb Duttweiler hat das eingeführt, lange bevor das Rauchen als schädlich erkannt wurde. Das geht auf eine Zeit zurück, als der Alkoholmissbrauch katastrophale gesellschaftliche Auswirkungen hatte. Ich will damit nicht sagen, dass das heute kein Problem mehr ist. Das ist unsere Verantwortung gegenüber der Gesellschaft und unsere Existenzberechtigung: Wir leisten einen Beitrag an die Lebensqualität des einzelnen Bürgers. Das geschieht durch die Sortiments- und Preisgestaltung. Wir liefern Qualitätsprodukte zu günstigen Preisen. Und dann haben wir auch noch den kulturellen Bereich, wo wir Wissen vermitteln, auch das ist ein Beitrag zur Lebensqualität. Die Sprachschulen, der ganze Fitness- und Wellnessbereich sind ganz offensichtliche Beiträge zur Lebensqualität.

Sehen Sie da nicht auch ein Dilemma: Sie verfolgen das Ziel, die Lebensqualität zu fördern, kurbeln aber auch den Konsum an und nehmen die negativen Auswirkungen in Kauf.

Wir bieten Lebensqualität an. Aber was der Einzelne entscheidet, ist nicht in unserer Verantwortung. Wir können einen faulen Kerl nicht zum Sport zwingen. Wir können nur die Fitnessangebote attraktiv gestalten, so dass die Leute mitmachen und sich besser fühlen. Erziehung ist nicht unsere Aufgabe.

Wie sehen Sie die Rolle der Migros gegenüber Randgruppen der Gesellschaft?

Wir haben eine absolut offene Haltung gegenüber Menschen jeder Prägung, Religion und Herkunft. In unseren Filialen und Fabriken sind praktisch alle Nationen vertreten. Das wollten wir mit unserem Beitrag an der Expo.02 unter dem Titel «Strangers in Paradise» ausdrücken. Wir leisten einen Beitrag über die Arbeitsplätze und Arbeitsbedingungen und fördern die Integration durch Sprachkurse und ein unterstützendes Umfeld. Die Klubschulen sind mit rund 600 000 Kursbesucherinnen und -besuchern die größte Erwachsenenbildungsinstitution der Schweiz. Wir übernehmen einen Drittel der Kosten über das Kulturprozent. Das sind jährlich rund 60 Millionen Franken.

Der SeitenWechsel verfolgt ja zwei Ziele: die Sozialkompetenz der teil-nehmenden Führungskräfte fördern und die Verbindung zwischen der Wirtschaft und den sozialen Einrichtungen der Gesellschaft stärken. Welche Wirkung beobachten Sie in der Migros?

Wie gesagt, habe ich eine andere Art von SeitenWechsel erlebt. Im Militär, an der Basis, in der Berghütte. Da habe ich diesen Rollen-wechsel erlebt. Ich könnte mir vorstellen, dass ein SeitenWechsel in eine soziale Institution eine viel drastischere Veränderung ist. Ich erlebe dort die Situation der Schwächeren und Benachteiligten haut-nah. Das geht natürlich unter die Haut und hat Nachwirkungen.

Und wie wirkt sich das auf das Geschäftsleben aus?

Es klingt an, wenn ich in eine solche Situation komme. Ich kann dann besser damit umgehen. Ich bin überzeugt, dass das unterstüt-zend wirkt.

Sie haben am Anfang Sozialkompetenz mit den Begriffen «tragfähige Be-ziehungen gestalten», «sich in den anderen versetzen können», «Vertrau-en aufbauen», «sich interessieren» umschrieben. Sehen Sie auch in diesem Feld einen Lerneffekt?

Ja natürlich. Ich erwarte, dass dieser emotionale Anteil beim Seiten-Wechsel-Erlebnis auch anklingt und dass das nachhaltige Wirkung hat. Ich möchte einfach betonen, dass es auch andere Möglichkeiten gibt, ähnliche Erfahrungen zu machen. Überall dort, wo man in eine andere Gemeinschaft kommt und sich zurechtfinden muss.

Der SeitenWechsel wird im Moment im MGB und in zwei Genossen-schaften angeboten. Wünschen Sie sich eine Ausweitung auf die gesamte Migros?

Ich kann mir gut vorstellen, dass das auf freiwilliger Basis zunimmt. Es spricht sich herum, die Leute interessieren sich.

Aber es braucht ein Angebot der Firma. Andere Unternehmen haben den SeitenWechsel als festen Bestandteil in die Managementwicklung eingebaut.

Ich bin für die Freiwilligkeit. Ich erwarte von den Führungskräften, dass sie diese Gelegenheiten suchen und dann die ihnen entsprechende Form wählen. Das gehört zur Entwicklung der Persönlichkeit.

Vom SeitenWechsel versprechen wir uns auch einen Lerneffekt für die soziale Seite. Dafür gibt es auch seit einiger Zeit den SeitenWechsel in die Wirtschaft. Was können oder sollten die VertreterInnen der sozialen Institutionen von der Wirtschaft lernen?

Wenn Spitzenleute aus der Wirtschaft eine Woche in einer Institution verbringen, bleibt hoffentlich da und dort etwas hängen. Anregungen, Tipps, konkrete Unterstützung. Das Wichtigste aber scheint mir, dass die Haltung, dass sich aus jeder Situation etwas machen lässt, stärker in die Sozialdienste einfließt. Ich kenne ein paar Leute, die in Sozialwerken tätig sind, und stelle immer wieder eine gewisse Resignation fest und bekomme den Eindruck, dass sie vieles als gottgegeben und unveränderbar annehmen. Ich hoffe, dass durch den SeitenWechsel Impulse entstehen, die dieser resignativen Haltung entgegenwirken. Auch den Leuten aus der Topetage tut übrigens ein SeitenWechsel gut.

Bisher fehlen die Leute aus der Topetage. Es sind vor allem mittlere Kader, die teilnehmen.

Die steigen auch in die Topetage auf. Bis vor ein paar Jahren habe ich mir jedes Jahr ein freiwilliges Programm zusammengestellt, das ähnliche Ziele wie der SeitenWechsel verfolgte. Weiterbildungen, kurze Einsätze außerhalb des Berufes. Das war sehr nützlich. Leider muss ich heute meine knappe Zeit für die Projekte nutzen, die ich mir vorgenommen habe. Der SeitenWechsel ist aber auf jeden Fall etwas sehr Gutes, und ich unterstütze jeden, der so etwas machen will. Es kann ja auch ein Arbeitseinsatz an der Basis sein.

Dann will ich Ihre knappe Zeit nicht weiter beanspruchen. Vielen Dank.

Fragmente aus dem Tagebuch eines SeitenWechslers

Hannes Schibli, Leiter Werbeabteilung, Migros Genossenschaft Zürich

Solange ein Mensch nur nach Gattung, Herkunft und Religion beurteilt wird, so lange wird Wesentliches, wie Stärke der Individualität weder erkannt, beachtet noch gefördert.

12. März 1997 Kartause Ittingen

Was ist los? Alles Männer. Wo sind die Frauen? Beruf, dann Mutter, dann Hausarbeit, dann Broterwerb, dann wieder Mutter, dann «sozialer» Beruf usw. Sie wechseln die Seiten öfter. Männer sind da benachteiligt. Beruf, Familie, Militär, das reicht nicht. Das ist noch kein SeitenWechsel.

Wir hören, was «SeitenWechsel» sein kann, und ich verstehe: SeitenWechsel kann auch als Standortwechsel verstanden werden. Soziale Kompetenz erfahren. Abbau von Voreingenommenheit. Eine andere Sozietät umgibt dich, und du wirst Teil davon. Die Gesellschaft braucht nach der Fachkompetenz immer mehr Sozialkompetenz. Wissenstransfer auf eine andere Seite vermitteln.

13. März 1997 Kartause Ittingen

Da sind sie nun. All die Institutionen, die sich anbieten zum Seiten-Wechsel. Es geht zu wie auf dem Jahrmarkt. Die Menschen besetzen Stände und warten auf Kundschaft. Ich habe mich bereits aufgrund der Unterlagen entschieden, wo ich hin will. Dorthin, wo keiner ansteht. Ein Projekt in Adliswil. Mit Gregor Zbinden habe ich ein bemerkenswertes Gespräch über Jugendarbeit im Zusammenhang mit diesem Adliswiler Projekt. Es reizt mich ungemein, die Seite zu wechseln.

14. März 1997 Kartause Ittingen
Atemtechnik zum Körper spüren. Gehört wahrscheinlich in jedes Seminar. Interessantes Referat im Zusammenhang mit dem Seiten-Wechsel. Es geht um das Entdecken, sich für Neues begeistern, allfälligem Erwachen aus einer Lethargie und den richtigen, selbst bestimmten Zeitpunkt für den Aufbruch zu finden. Das macht Mut. Und die Unternehmung würde sich gar beteiligen, wenn ich mich für eine Mitarbeit in einer sozialen Institution begeistern könnte. Ich gehe erst mal nach Hause.

20. März 1997 Adliswil
Kennenlerngespräch mit Gregor im Migros-Restaurant. Was bedeutet «sozio-kulturelle Animation» im Zusammenhang mit der Jugendarbeit in dieser Gemeinde? Ich lerne: Es ist im Anfang nicht die Suche nach Lösungen konkreter Probleme, sondern ein Vermittlungsversuch zwischen den verschiedenen zeitlich, kulturell und gesellschaftspolitisch gewachsenen Institutionen. Es sind zwar die Säulen dieser Institutionen, die das Dach des «Tempels» tragen, jedoch sind es die Zwischenräume, in denen wir spüren, denken und etwas unternehmen können. Es ist meine Aufgabe, das Projekt (Neugestaltung des Gebietes «Grüt» zwischen Adliswil und Zürich) und die Methode der Projektarbeit zu studieren sowie einen Leitfaden für Einzelinterviews zur Erfassung von «qualitativen Ansichten» (Unternehmer einerseits, andererseits die Adliswiler Jugend) aufzustellen.

3. April 1997 Herdern Zürich
Lunch mit Gregor. Wir besprechen das Programm für den «Einsatz».

21. April 1997 Adliswil und Urdorf
Es geht los. Ich warte auf Gregor und versuche zwischenzeitlich festzustellen, ob die Methode «sozio-kulturelle Animation» auch im «Kleinen» taugt. Das Gespräch am Nebentisch interessiert. Thema:

Die Krawall-Bilder im «Blick» von den Chaoten, die im Zürcher Niederdorf wüteten, und das Interview mit dem Stadtrat Robert Neukomm. Sie taugt, die Methode. Alle Antworten kommen von den Befragten unbeeinflusst. Die mitlauschende Dame am Nebentisch rechts interessiert sich für die Art der Befragung. Ich erhalte von ihr Einblick in das private Leben: Krankenschwester, seit 15 Jahren frustriert im Beruf ... Die Methode taugt wirklich.

Gregor ist aufgewacht und -getaucht. Wir fahren gemeinsam zum ersten ernsthaften Treffen mit den Unternehmern. Das Gespräch entwickelt sich wie vorgesehen. Dank unserer «Animation» erhalten wir Antworten, die wir aufzeichnen und als Resultat unserem Gesprächspartner vorlegen. Das zweite Gespräch findet abends mit der Jugend statt. Das Vorgehen ist dasselbe. Wir notieren sämtliche Antworten, sortieren sie und legen sie danach den Gesprächspartnern vor. In beiden Fällen werden die Anworten überprüft und akzeptiert. Ich bin begeistert.

Nachtessen im Rössli und intensives Gespräch mit Gregor. Ich merke, er wendet die Gesprächsmethode auch bei mir an.

22. April 1997 Adliswil

Ich lerne im Gespräch Adliswil kennen. Vor allem sind es Betroffene im Gebiet Sood-Grüt: Hausbesitzer, Anwohner, Berufsleute, eine Gärtnerin und eine Zooangestellte. Die Antworten sind alle von hoher Qualität. Ich bin erstaunt, zu welcher Offenheit die Gesprächsmethode führt.

23. April 1997 Adliswil

Besuch von den Initianten «SeitenWechsel» der Migros Zürich. Esther Matt und Urs Stolz wollen viel kennen lernen. Sie versuchen mit ihrer Methode zu fragen und erhalten kaum Antworten.

Am Abend nehme ich teil an einem Gespräch über das Jugendhaus in Adliswil. Ich versuche konzentriert die Gesprächsführung zu übernehmen. Das Resultat: Die jungen Leute diskutieren erst mal heftig darüber, warum das heutige Fußballspiel einige davon abhalte, nicht zum Hock zu kommen.

24. April 1997 Adliswil

Ich sitze auf der Treppe «Brügg». Es ist Markttag, sonnig, und alles pulsiert. Heute werde ich Detailbefragungen durchführen. Ganz alleine. Es ist so spannend wie am ersten Tag. Den Tag, wo ich Gregor zum ersten Mal begegnet bin.

Am Abend führen wir ein langes Gespräch. Wir versuchen festzustellen, wo uns unsere Interessen in Zukunft zusammenführen könnten und finden genügend Gründe. Vorerst aber danke ich für den gelungenen SeitenWechsel.

25. April 1997 Kartause Ittingen

Im Plenum berichtet jeder von seiner Zeit «SeitenWechsel» mit beeindruckenden Worten. Jeder ist und macht betroffen. Und jeder ist sicher, am richtigen Ort im Einsatz gewesen zu sein.

Fazit: Es war eine außerordentliche Herausforderung und Chance, einen kurzen Abschnitt im normalen, kreuz und quer laufenden Leben etwas geordnet und vorbereitet zu tun, zu dem normalerweise kein Zugang offen steht. Gleichzeitig habe ich nun die Erwartung, diese Möglichkeit «SeitenWechsel» an eine Hoffnung festzumachen, die es mir erlaubt, einem offenen Erleben Tür und Tor zu öffnen.

Wenn ich nach einem Schlüsselerlebnis suche, so muss ich eingestehen, dass es vorerst keines gab. Vielmehr stellten sich die Schlüsselerlebnisse immer dann ein, wenn ich die gelebte und angelernte «sozio-kulturelle Animation» anwendete und so manchmal zu unerwarteten Ergebnissen kam.

«Das Gute kommt in Tropfen ...»

Gespräch mit Dr. Daniel Vasella, Verwaltungsratspräsident und CEO der Novartis AG, Mitglied des Beirats des SeitenWechsels, und Dr. Annemarie Pieper, emeritierte Professorin für Philosophie an der Universität Basel. Moderation: Tony Ettlin.

Herr Vasella, Sie waren ursprünglich Arzt. Wie wird man CEO?

Daniel Vasella: Allgemein kann ich diese Frage nicht beantworten. Für mich waren zwei Faktoren ausschlaggebend: einerseits die innere Motivation und der Wunsch zu führen, andererseits Zufälle und Konstellationen.

War der Einstieg in eine Managementfunktion für Sie ein SeitenWechsel?

Daniel Vasella: Nein, nicht in dem Sinn, wie das im SeitenWechsel-Projekt gemeint ist. Es war ein großer Schritt, der mit einem Wechsel der Identität verbunden war.

Mit SeitenWechsel meinen wir einen Eintritt in eine andere Welt, wo neue Kompetenzen gefordert werden. Haben Sie das bewusst erlebt?

Daniel Vasella: Retrospektiv kann ich sagen: Das Antizipieren ist nicht das Erleben. Ich kann vieles antizipieren und probelösen, aber die Realität ist dann etwas anderes. Ich überlegte mir sehr genau, was ich da mache, und damit waren auch Hoffnungen und Ängste verbunden. Ich fragte mich, wie ich meine Ideale und Wertvorstellungen rationalisieren kann, damit ich diesen Wechsel machen darf. Und dann war es vor allem eine Frage des Impakts: Auf wie viele Menschen habe ich einen positiven Einfluss, wenn ich als Arzt oder als Manager arbeite? Das spielt bei gewissen Entscheidungen, die ich mit meinen Kollegen treffe, auch heute noch eine Rolle.

Frau Pieper, wie wird man Philosophin?

Annemarie Pieper: Gar nicht. Philosophin ist kein Beruf. Philosophie-Dozentin wurde ich auch durch Zufälle. Zu meiner Zeit konnte man noch ein Studium generale absolvieren. Ein Jahr lang konnte ich in allen Fakultäten schnuppern, wollte zuerst Medizin studieren, dann Literatur und bin bei der Philosophie gelandet. Die Frage «Wie löst man Probleme auf eine rational vernünftige Weise?» begann mich zu interessieren. Und dafür meinte ich, das nötige Know-how in der Philosophie zu finden.

Hat sich diese Hoffnung erfüllt?

Annemarie Pieper: Ja, die hat sich erfüllt. Ich habe mir aber nicht vorgestellt, was ich beruflich machen könnte. Philosophie-Dozentin war kein Ziel, weil es damals fast keine Frauen auf den Lehrstühlen gab und ich auch von keinem Frauenbonus profitieren konnte. Durch verschiedene Zufälle bin ich dann doch dort gelandet.

Gab es in Ihrem Werdegang einen bewussten SeitenWechsel?

Annemarie Pieper: Eigentlich nur während meiner Studienzeit. Da habe ich Verschiedenes ausprobiert, zum Teil, um Geld zu verdienen. Unter anderem war ich ein halbes Jahr Krankenschwester.

Was war bei diesen Ausflügen in andere Gebiete der wichtigste Lerneffekt?

Annemarie Pieper: Mich haben immer andere Menschen interessiert, ob sie krank sind oder als Modell oder beim Film arbeiten. Wie gehen die Menschen miteinander um? Was Sie «Führung» genannt haben, interessierte mich nie. Ich fand die Vorstellung, dass einer sagt wos lang geht, immer schrecklich. Mir war es immer lieber, wenn man miteinander regelte, wer was macht.

Wenn Sie CEO wären, würden Sie anders führen als die Manager, die Sie beobachten?

Annemarie Pieper: Ich würde das gar nicht anstreben. Es ist mir fremd. Ich wollte immer einen pädagogischen Beruf. Das wurde mir anfangs in Basel vorgeworfen. Führungsschwäche ist ja wohl der schlimmste Vorwurf, den man einem machen kann in dieser Gesellschaft. Aber ich habe andere Methoden, um mich durchzusetzen. Ich rede mit den Leuten so lange, bis wir eine Basis gefunden haben, auf der wir arbeiten können. Aber das dauert manchmal.

Daniel Vasella: Wenn ich Ihnen zuhöre, denke ich: «Es ist bei mir eigentlich gar nicht anders.» Mich interessieren auch die Menschen und wie ich mit ihnen umgehe. Oft habe ich gar keine formale Autorität. Die Autorität wird mir von den Menschen gegeben oder genommen. Als Oberarzt arbeitete ich mit verschiedenen Leuten zusammen im Team. Jeder und jede brachte ganz spezielle Kompetenzen mit, und gemeinsam hatten wir ein Ziel. Da gab es Situationen, wo wir unterschiedliche Meinungen hatten und ich sie nicht durch Argumente überzeugen konnte. Und trotzdem musste ich entscheiden, weil wir sonst die Handlungsfähigkeit verloren hätten. Die Frage ist, wann und wie wird das gemacht?

Sie sprechen von Ihrer Führungserfahrung als Arzt. Unterscheidet sich Ihre heutige Situation stark von diesem Bild?

Daniel Vasella: Sicher. Es ist vor allem die Perzeption, die sich geändert hat. Die Rolle, die man mir gibt, ist unabhängig von meiner Vorstellung, wie ich bin. Ich bin, was ich repräsentiere. Das war am Anfang schwierig. Meine Äußerungen bekamen plötzlich ein Gewicht, das mich überraschte. Plötzlich wurde jedes Wort auf die Waage gelegt. Den Umgang mit dieser Situation musste ich lernen.

Aber gewisse Situationen, die ich als Arzt erlebt habe, sind schon prägend für meine heutige Tätigkeit. Die Frage ist: «Wie kann ich alle in den Entscheidungsfindungsprozess einbeziehen, und wo sind die Grenzen? Was ist wirklicher Einbezug? Höre ich zu, oder gebe ich nur Zeit und denke an etwas anderes?» Führen ist aber auch keine Demokratie. Die Extreme sind für mich als Person inkompatibel. Mit einem Top-down-Ansatz bekommen Sie absolut suboptimale Resultate, und doch müssen Sie entscheiden. Es ist die Frage, wann ich in welchem Modus bin. Unter Zeitdruck werde ich eher direktiv, auch wenn ich intellektuell weiß, dass ich gerade jetzt nicht direktiv sein sollte. Wenn ich ruhiger bin, kann ich besser zuhören und einbeziehen.

Beschreiben Sie damit den Begriff «Sozialkompetenz»?

Daniel Vasella: Ja und nein. Ich stelle mir etwas anderes unter Sozialkompetenz vor. Natürlich gehört die Fähigkeit, auf andere eingehen zu können dazu und zu erkennen, mit wem Sie sich in welchem Kontext befinden. Wenn Sie keine emotionale Kompetenz haben, dann wird das nicht gehen.

Sind «emotionale Kompetenz» und «soziale Kompetenz» für Sie Synonyme?

Daniel Vasella: Nein. Emotionale Kompetenz ist für mich die Fähigkeit zu erkennen, dass nicht nur rationale Elemente eine Rolle spielen, sondern auch gefühlsmäßige. Man muss ein Klima des Vertrauens schaffen können, wo sich die Leute bewusst sind, dass sie voneinander abhängig sind und sich gegenseitig unterstützen. Gleichzeitig braucht es ambitiöse Ziele und Disziplin. Das zusammenzubringen, ist die Kunst.

Und was verstehen Sie unter «Sozialkompetenz»?

Daniel Vasella: Ich verstehe es so: Sich so weit in das Erleben eines anderen versetzen zu können, dass man seinem Erleben mindestens nahe ist. Ich glaube nicht, dass man sich in die Haut eines anderen versetzen kann, aber ich kann mir vorstellen, wie es zum Beispiel für Sie ist, hier zu sitzen und dieses Gespräch zu führen. Und ich muss bereit sein, meine Vorstellungen zu korrigieren. Das scheint mir das Wichtigste: offen zu sein und sich in der Situation adäquat zu verhalten. Wenn ich in der Migros einkaufe oder mit Motorradfahrern unterwegs bin, gelten andere Spielregeln als im Geschäft. Da muss ich fähig sein, mich darauf einzustellen. Aber ich muss mir auch bewusst sein, wo ich hingehöre.

Annemarie Pieper: Ich verstehe unter Sozialkompetenz, dass man andere Personen als gleichwertig wahrnimmt und sie auch so behandelt. Was Sie, Herr Vasella, geschildert haben, zeigt ja, dass man je nach Rolle mit einem bestimmten Sozialprestige wahrgenommen wird. Sozialkompetenz ist der Versuch, alle diese Rollen wegzudenken und die Person wahrzunehmen und sie als solche zu respektieren.

Erfüllen die Manager, die Sie, Frau Pieper, kennen, diese Anforderungen?

Annemarie Pieper: (lacht) Das ist zweischneidig. Ich lerne sie nur auf Empfängen kennen! Aber ich habe Novartis-Manager bei einem Brainstorming kennen gelernt. Es ging um ethische Fragen im Zusammenhang mit Vorfällen, die das Image von Novartis schädigten. In diesem Gespräch fiel dann die Aussage: «In the end, we want to make money and nothing else!» Da war für mich klar, dass man im Grunde genommen nichts ändern wollte und das ganze eine Alibi-Übung war.

Daniel Vasella: Es ist interessant, dass diese Aussage für Sie als Negativerinnerung hängen blieb und Sie alles andere, was auch noch hätte sein können, als Alibi-Übung sehen.

Annemarie Pieper: Es gab zwei, drei Personen, die sich für andere Themen interessierten. Aber ich hatte den Eindruck, dass das ganze

Kolloquium nur gedacht war, um das Image der Novartis aufzu-
bessern. Sie waren alle sehr freundlich, aber es gab kein richtiges
Gespräch. Das Problem wurde offensichtlich erkannt, aber ob man es
auf diese Weise lösen kann, ist für mich fraglich.

*Sie erzählen dies als Beispiel für mangelnde Sozialkompetenz. Wie denken
Sie, sollte Sozialkompetenz entwickelt werden?*

Annemarie Pieper: Ich bin der Meinung, dass man das im Erwachsenenalter nicht mehr lernen kann, wenn man es nicht schon mit-
bringt. Es ist ein Teil der Erziehung. Wichtig ist, dass schon im
frühen Alter den Kindern Ethikunterricht erteilt wird, Philosophie-
unterricht! Man versteht das immer wieder falsch. Es geht nicht um
eine säkulare Art von Religiosität durch Indoktrination. Aber sie
sollten lernen, wie es ist, in der Haut von Ali zu stecken und dauernd
verdroschen zu werden, nur weil ich Ali bin und Türke. Dass es weh-
tut, wenn ich geschlagen werde, und dass eine andere Hautfarbe den
Schmerz nicht abfedert. Andere zu respektieren in ihrer Eigenart
und ihrer Individualität und diese Unterschiede nicht abzuwerten:
«Gott, die sind ja ganz anders, die müssen minderwertig sein!» Das
wird einem ja schon früh antrainiert durch das Elternhaus.
Daniel Vasella: Darf ich Ihnen beim letzten Satz widersprechen? Es
ist etwas Natürliches, dass die Kinder so reagieren und das Fremde
abweisen. Ich glaube die Aufgabe des Elternhauses ist es, das nicht
noch zu fördern. Es muss von einem aktiven Verstehenwollen ausgehen: «Warum reagieren die Kinder so?» Und dann mit den Kindern darüber sprechen, wie es ist, ausgegrenzt zu werden, wenn die
ganze Klasse sagt: «Die nicht!» Und warum dann diese Kinder
anders reagieren und sich wehren, oft auch physisch.

*Würden Sie Frau Pieper beipflichten, wenn sie sagt, dass eine Korrektur im
Erwachsenenalter schwieriger wird?*

Daniel Vasella: Sehr viel schwieriger. Es müssen ganz tief greifende Erlebnisse sein – Erlebnisse die einen emotionalen Tiefgang haben.

Und doch ist in der Management-Entwicklung der Anspruch da, dass man soziale Kompetenz entwickeln kann. Das wird bei Novartis nicht anders sein als in anderen Unternehmen.

Daniel Vasella: Es ist mehr eine Frage der Kulturentwicklung. Als Kultur bezeichne ich «das gemeinsame, unbewusste Verhalten einer Gruppe». Ich kann das nie genau erfassen und doch gibt es Steuerungs- und Gestaltungsmöglichkeiten – ob ich das will oder nicht! So muss etwa die Aussage: «In the end we have to make money!» nur einmal gemacht werden, und sie bleibt für lange Zeit in den Köpfen drin.

Vor allem, wenn Sie als CEO das sagen würden.

Daniel Vasella: Nicht nur ich, alle Vorgesetzten müssen darauf achten, dass das, was wir sagen, mit dem, was wir tun, übereinstimmt. Man kann noch so oft sagen: «Wir berücksichtigen soziale Faktoren und diese und jene Aspekte bei unseren Entscheidungen.» Wenn das nur einmal nicht getan wird, dann wird das nicht verstanden. Aber noch wichtiger sind die Verhaltensweisen, die unter die Haut gehen: Wer wird befördert? Welches Verhalten wird belohnt? Wer scheint bei wem Gehör zu haben? Das sind die starken, kulturprägenden Signale in der Organisation.

Und wo lernen Manager diese Verhaltensweisen und Einstellungen?

Daniel Vasella: Ich glaube, dass wir einen großen Teil aus unserer Entwicklung mitbringen. Und da spielen SeitenWechsel eine gewisse Rolle. Wenn ich meine Geschichte anschaue, habe ich die ersten SeitenWechsel als Bub erlebt, als ich dem Gärtner eines Klosters bei der Arbeit half oder einen Einblick in die Welt des Nachbarn hatte, der Alkoholiker war und die Kinder schlug.

Später habe ich als Ausläufer, an einer Tankstelle oder auf dem Bau gearbeitet. Wie ich da behandelt wurde, eröffnete mir ein ganz neues Spektrum, das mich tief beeindruckte. Als ich auf dem Bau arbeitete, fiel mir zum Beispiel eines Tages auf, dass ich mich am Abend sauber anzog, die Schuhe polierte und Pommade ins Haar strich. Ich fragte mich: «Warum tue ich das? Ich bin ja wie die Italiener!» Das war eine lehrreiche Erkenntnis. Als ich während des Studiums Taxi fuhr, erlebte ich die nächtliche Halbwelt. Wenn zwei Personen im Wagen waren, sprachen diese oft miteinander, als würde ich nicht exisitieren. Ich war eine Unperson. Solche Erlebnisse haben mich geprägt. Ich denke heute ab und zu an diese Erfahrungen, wenn mein Leben in Bahnen abläuft, die weitgehend von anderen Gesellschaftsschichten getrennt sind.

Der SeitenWechsel will ja genau diese Einblicke und Erfahrungen in anderen Welten vermitteln. Damit ist die Hoffnung verbunden, dass ein Bewusstseinsprozess ausgelöst wird, der Auswirkungen auf das Verhalten der Führungskräfte im Unternehmensalltag haben wird. Glauben Sie an die Wirkung dieses Programms?

Daniel Vasella: Als Optimist denke ich, dass das einen positiven Einfluss haben kann. Wir haben nach der Fusion den Partnerschaftstag bei Novartis eingeführt. Wir wollten, dass die Mitarbeitenden aus ihrer gewohnten Welt austreten und sich in der Gemeinschaft, in der wir leben, engagieren. Wir haben beobachtet, dass wir diese Ziele vor allem dort erreichen, wo ein längerfristiger Kontakt entsteht. Wenn sich zum Beispiel Mitarbeitende in Brasilien nach einem Tag im Armenviertel zu einem dauernden Engagement für die Kinder bereit erklären, dann ist das wunderbar. Denn vor allem für Kinder ist diese Kontinuität wichtig. Nur ein Tag Paradies wäre die Hölle. Und wenn Sie diese Leute sehen, dann wissen Sie, dass es etwas gebracht hat.

Annemarie Pieper: Im Prinzip ist es ja einfach: Je öfter man die Perspektive wechselt, desto mehr Augen stehen einem zur Verfügung. Das Wichtigste ist doch, dass wir unsere Urteilskraft stärken, statt einfach Dogmen oder die Meinungen anderer zu übernehmen. Selber urteilen heißt vor allem differenzieren können, und differenzieren kann man, wenn man den Standpunkt wechselt. Sonst verabsolutiert man die eigene Meinung und geht mit Scheuklappen durch die Welt. Voraussetzung ist allerdings eine gewisse Neugier, und dafür braucht es eine spontane Bereitschaft. Wenn das Erleben der anderen Welt geplant und verordnet ist, nimmt die Wirkung ab. Wenn diese Voraussetzungen erfüllt sind, werden Vorurteile überprüft und Standpunkte revidiert. Ich glaube, man muss den Seiten-Wechsel im Kopf vollziehen können. Wenn ich den Schritt räumlich gemacht habe, kann ich die Erfahrung in den entsprechenden Situationen abrufen und mich angemessen verhalten.

Ein Ziel des SeitenWechsels ist die Förderung der sozialen Verantwortung der Führungskräfte und damit der Unternehmen. Frau Pieper, was erwarten Sie von einem großen Unternehmen? Wie soll ein Unternehmen seine soziale Verantwortung wahrnehmen?

Annemarie Pieper: Negativ wäre, wenn ein Unternehmen Druck auf die Gesellschaft ausüben würde. Ein Erpressungsversuch in der Art: Wenn ihr uns das und das nicht zugesteht, verlegen wir unsere Fabrik in ein anderes Land. Ein Unternehmen muss die demokratischen Spielregeln einhalten und die eigenen Strukturen den politischen Strukturen unterordnen. Heute diktieren die Gesetze des Marktes viel zu stark, wie die Gesellschaft zu funktionieren hat. Die Probleme, die durch Rationalisierungen, Zusammenschlüsse und Stellenabbau entstehen, werden einfach dem Staat überlassen. Wir sollten uns vermehrt Gedanken darüber machen, wie die Arbeit gerecht verteilt werden kann in einem Umfeld, wo Vollbeschäftigung gar nicht mehr möglich ist. Dazu müsste man stehen und den Mut haben, sich mit neuen Modellen von Arbeit auseinander zu setzen, statt nach dem alten Leistungsprinzip effizient zu arbeiten und die, die nicht mehr können oder nicht mehr gebraucht werden, auszumustern.

Daniel Vasella: Ich verstehe, was Sie meinen. Aber durch unsere Fusion haben wir mehr Stellen geschaffen als abgebaut. Wir haben am Anfang abgebaut, aber dann wieder neue Stellen geschaffen.

Annemarie Pieper: Aber das sind andere Leute!

Daniel Vasella: Ja, das Individuum sieht das natürlich anders. Derjenige, der die Stelle verliert, kann mit «Wenn und Aber» nicht viel anfangen. Ich will die Einzelschicksale nicht bagatellisieren. Aber es wäre falsch, die Dinge, die wir als richtig erachten, um die Zukunft des Unternehmens zu sichern, nicht zu machen, weil sie schmerzhaft sind. Die Frage, ob es richtig war, beantwortet erst die Zukunft.

Annemarie Pieper: Aber man könnte sich doch eine Fusion vorstellen, wo nicht einfach Leute auf die Straße gestellt werden, bloß weil sie zu teuer sind und es billiger ist, sie loszuwerden. Man könnte sich doch mit den fünf Prozent Gewinn zufrieden geben, die die Firma macht, wenn sie alle Mitarbeitenden weiterbeschäftigt, statt durch Entlassungen den Gewinn auf zehn Prozent zu steigern. Warum immer dieses Wachstum, diese Gier?

Daniel Vasella: Wir sind als Unternehmen in einem Kontext. Wir stehen im Wettbewerb, ob wir das wollen oder nicht. Unsere Performance ist nicht eine absolute, sondern eine relative. Wenn wir nicht die bestmögliche Leistung erbringen, werden wir absorbiert. Was hat die Schweiz davon, wenn Novartis von einem amerikanischen Unternehmen übernommen wird?

Annemarie Pieper: Aber das sind doch keine Naturgesetze! Marktgesetze werden doch durch die Menschen gemacht. Sie können diese Gesetze doch ändern, vielleicht nicht als Einzelfirma, aber gemeinsam mit anderen.

Daniel Vasella: Die Planwirtschaft war so ein Versuch. Das hat nicht funktioniert. Die Marktwirtschaft funktioniert, und wir müssen uns mit den Exzessen und dem Abusus beschäftigen. Der gesetzgeberische Eingriff ist wesentlich, und der zweite Faktor ist die persönliche Integrität der Manager. Wer betrügen will, wird immer einen Weg finden zu betrügen. Das kann man durch Gesetze nicht verhindern.

Ihre Forderung, dass sich ein Unternehmen der demokratischen politischen Macht unterordnen müsse, kann ich nur unterstreichen. Natürlich muss es das. Es kann gar nicht anders. Ein Unternehmen, das Tausende von Arbeitsplätzen schafft und einen wesentlichen Beitrag zur Exportwirtschaft der Schweiz und zum Wohlstand unseres Landes leistet, muss aber auch als politischer Faktor akzeptiert werden. Aber dann stellt sich die Frage: Wo kann sich ein Unternehmen entwickeln, und da werden die Rahmenbedingungen entscheidend. Die Frage, ob wir unser Forschungszentrum in Basel oder in Boston bauen, hat mit Basel oder der Schweiz nur indirekt etwas zu tun. Entscheidend ist die Frage: Wo sind die besten Forscher? Wenn die in Timbuktu wären, würden wir dort investieren. Interessant ist aber die Perzeption: Es werden keine Arbeitsplätze von Basel nach Boston verschoben, sondern von New Jersey nach Boston. Man muss sich nur fragen: Warum sind die Forscher, die wir brauchen, nicht in der Schweiz?

Soziale Verantwortung würde folglich für Sie auch bedeuten, dafür zu sorgen, dass das Unternehmen weiterbesteht und dadurch Arbeitsplätze anbieten kann.

Daniel Vasella: Mehr als das: langfristig erfolgreich sein und seine Funktion innerhalb der Gesellschaft erfüllen. Unsere Funktion besteht darin, bessere Medikamente zu finden, die bessere Behandlungen ermöglichen und dadurch das Leiden, die Mortalität und Morbidität der Menschen vermindern. Das ist unser Existenzgrund. Wenn wir den nicht erfüllen, haben wir keine Existenzberechtigung. Und wir müssen es besser tun als die Konkurrenz.

Mit dieser Geschäftsphilosophie müssten Sie eigentlich nie in die öffentliche Kritik geraten.

Daniel Vasella: Haben Sie eine Ahnung! Wir verschenken die Medikamente ja nicht. Wir wollen etwas verdienen. Und wenn man etwas verkauft, das alle brauchen und als gut empfinden, kann es nie billig genug sein – aus der Sicht der KonsumentInnen. Man hat ein Anrecht darauf, und jetzt sollte man dafür bezahlen! Uns wird oft die Schuld an den hohen Gesundheitskosten zugeschoben, auch wenn die Medikamentenpreise nur einen Anteil von ca. zehn Prozent ausmachen und die Ursachen an anderen Orten liegen, zum Beispiel in der höheren Lebenserwartung der Bevölkerung und unserem gewandelten Verständnis von Gesundheit und Krankheit.

Wir geben Medikamente auch gratis ab, wenn wir es als sinnvoll und richtig erachten. Zum Beispiel Medikamente gegen Lepra oder Malariamittel an die WHO. Wir fanden das sinnvoll und wichtig. Dann kam aber sofort die Forderung, das Gleiche zu tun für Tuberkulose etc. Wir schufen das Singapur-Zentrum, und in den USA führten wir eine Discount-Karte für unversicherte alte Leute ein, mit der sie Medikamente mit 25 bis 40 Prozent Rabatt kaufen können. Medikamente für eine neue Krebstherapie geben wir gratis an Patienten ab, die sie nicht kaufen können, und in verschiedenen Entwicklungsländern haben wir den gleitenden Preis eingeführt.

Die, die es vermögen, zahlen den vollen Preis und subventionieren damit Preisreduktionen für die Ärmeren. Das funktioniert an den meisten Orten gut. Es gibt aber Länder, die das nicht wollen und Gratismedikamente oder Verbilligungen für alle fordern, auch für die Reichen im Land. Da machen wir nicht mit. Wir machen viel, und ich habe ein gutes Gefühl dabei. Wir können nicht alle Probleme lösen, aber das ist für uns kein Grund, es nicht zu tun. Das Gute kommt in Tropfen, und nur der Tor verschließt sich vor der Erkenntnis, dass viele Tropfen das Fass füllen.

Frau Pieper, haben sie eine Vision vom idealen Zusammenspiel von Wirt-
schaft und Gesellschaft?

Annemarie Pieper: Ich habe einen Wunsch: Ich möchte, dass sich das
allgemeine Wertbewusstsein wieder einmal von den monetären,
ökonomischen Werten wegbewegt, hin zu ideellen, kulturellen Werten. Die Dominanz des Wirtschaftlichen sollte relativiert werden.
Natürlich brauchen wir die Wirtschaft, aber Kultur sollte kein Luxus-
gut sein, und Arbeit sollte doch Freude machen. Eine Gesellschaft,
die offen ist für andere Wertvorstellungen, das wünsche ich mir.
Daniel Vasella: Ich teile Ihre Meinung, und doch muss ich sagen: Wir
sind privilegiert. Es gibt viele Menschen, die unter viel härteren Bedingungen ihr Brot verdienen. Für die müssen wir etwas tun. Da
kann der SeitenWechsel einen Beitrag leisten, in dem die Erfahrung
in einer anderen Welt das Bewusstsein für die soziale Realität schärft.

Ich danke Ihnen für das Gespräch.

Das Herantasten an das Unbekannte: Kennen wir das nicht aus der eigenen Arbeit?

Erfahrungsbericht von Ruedi Schmid, Leiter der Inova Management AG

Die Mitarbeiter des Beratungsunternehmens Inova haben im Rahmen des Projektes «SeitenWechsel» eine Arbeitswoche in einer sozialen Institution durchgeführt.

Wer ist/was macht Inova Management AG?

Inova bietet als unabhängiges Beratungsunternehmen für Unternehmensentwicklung professionelle Leistungen an in den Bereichen Unternehmensführung, Logistik und Informatik. 1992 durch acht Partner gegründet, umfasst das Team in der Schweiz mittlerweile 25 Personen. In Deutschland und England befinden sich Ländergesellschaften im Aufbau.

Warum SeitenWechsel?

Die Beratungstätigkeit bringt es mit sich, dass wenig Zeit im Büro, dafür umso mehr bei den Kunden resp. den entsprechenden Projektteams verbracht wird. Gefragt ist die Fähigkeit, organisatorische und technische Probleme zu analysieren und zu lösen. Kaum ein Projekt kann ohne Veränderungen für die in den Arbeitsprozess involvierten Menschen realisiert werden. Deshalb sind auch die Softfactors nicht zu vernachlässigen. Permanente Weiterbildung im fachlichen wie persönlichen Bereich, gepaart mit der langjährigen Beratungs- und Führungserfahrung, werden zu Erfolgsgaranten.

Seit Bestehen der Inova ist die Weiterbildung fester Bestandteil der persönlichen Zielvereinbarung mit jeder Mitarbeiterin und jedem

Mitarbeiter. Neben den individuellen, auf die Fähigkeiten und Wünsche jedes Einzelnen abgestimmten Schwerpunkten beinhaltet das Programm auch eine Ausbildung für das ganze Team. Dabei bestimmt das Team jeweils ein Thema, welches durch eine kleine Arbeitsgruppe vorbereitet und während 2 bis 3 Tagen durch externe Spezialisten geschult wird. Fachthemen stehen im Vordergrund, daneben hat es aber auch immer wieder Platz für Alternativen. Bei der Suche nach interessanten Möglichkeiten stieß der Vorschlag für das Projekt «SeitenWechsel» sofort auf offene Ohren. Trotz des höheren zeitlichen Aufwandes (eine Arbeitswoche plus je ein halber Tag für Vorbereitung und Auswertung pro Mitarbeiter) wurde der Seiten-Wechsel einstimmig angenommen.

Ausschlaggebend für diese klare Entscheidung war die Erkenntnis, dass Sozialkompetenz im Alltag unabdingbar ist und jeder Einzelne sein Leben lang dazulernen muss. Trotz oder gerade wegen der vielen Unbekannten in dieser für uns doch eher fremden Welt waren die Erwartungshaltungen breit gefächert.

Sofort nach der Entscheidung, dieses Weiterbildungsprogramm durchzuführen, wurden die konkreten Schritte mit dem SeitenWechsel-Team geplant.

Vorbereitung: Die Qual der Wahl

Aus der Vielzahl von möglichen sozialen Institutionen wurden fünf Bereiche ausgewählt:
- geistig/körperlich behinderte Mitmenschen,
- Psychiatrie,
- Drogen/Drogentherapie,
- Gefängnis,
- fremde Kulturen.

Vertreter dieser Institutionen wurden zum Eröffnungstag eingeladen.

Nach gegenseitiger Vorstellung hatten die Inova-Mitarbeiter Gelegenheit, in einer Gruppenarbeit über ihre Motivation, Erwartungshaltung, aber auch über ihre Bedenken oder Ängste zu diskutieren. Der DOK-Film «SeitenWechsel» zeigte eindrücklich das Wechselbad der Gefühle, das die Teilnehmer durchlaufen.

In der anschließenden Marktsituation konnte sich jeder Teilnehmer informieren und bei der ihm zusagenden Institution einen Vertrag abschließen.

Durchführung: das Unbehagen am Anfang

Im Zeitraum von Mitte April bis Ende August 1999 leisteten alle Inova-Berater ihren Einsatz bei der entsprechenden Institution, so in Heimen oder Ferienlagern mit geistig/körperlich behinderten Erwachsenen und Jugendlichen, in der psychiatrischen Klinik, im Therapiezentrum für Drogenabhängige resp. im Lighthouse, im Gefängnis oder im Asylanten-Durchgangsheim.

Der Schritt in die andere, nicht wirtschaftlich dominierte Arbeitswelt erfolgte mit ganz unterschiedlichen Erwartungshaltungen und Gefühlen, das hatte bereits der Eröffnungstag gezeigt. Da war ein Unbehagen. Aber jetzt war der Ernstfall, und alle stellten sich Fragen wie: Komme ich mit dem Unbekannten zurecht? Wie finde ich den Kontakt zu den Leuten? Wie muss ich den Leuten begegnen? Werde ich sie, werden sie mich verstehen?

Die Einsatz- und Arbeitszeiten waren je nach Art des Programms oder des Standortes der Institution unterschiedlich. Einige arbeiteten tagsüber und übernachteten zu Hause. Andere waren die ganze Zeit in die Institution integriert.

Alle Teilnehmer beendeten die Einsatzwoche mit ganz unterschiedlichen, neuen Erfahrungen. Jeder kehrte zurück ins Wirtschaftsleben mit der Absicht, diese Erfahrungen auch wirklich zu nutzen. Wird das gelingen? Was wird in einem halben oder einem

Jahr vom SeitenWechsel noch in Erinnerung sein? Wie können die positiven Impulse im Alltag genutzt werden? Diese und weitere Fragen wurden am Auswertungstag diskutiert.

Auswertung: Was tragen wir in den Alltag?

Ziel des Auswertungstages war, die Erfahrungen und den Nutzen des SeitenWechsels zu diskutieren, aber auch Massnahmen zu definieren, um die Wirkung nachhaltig zu gestalten.

Zur Vorbereitung dieses Tages malte oder zeichnete jeder Teilnehmer ein Bild, welches ein bestimmtes Ereignis, Erlebnis, Gefühl oder den Gesamteindruck des eigenen SeitenWechsels spiegelte. Die Gestaltung dieses Bildes sollte die Teilnehmer ermuntern, sich nochmals mit der Einsatzwoche auseinander zu setzen und den andern Teilnehmern folgende Fragen zu beantworten:

– Wie habe ich die Woche erlebt?
– Welche Erwartungen hatte ich?
– Welche Erwartungen erfüllten sich/erfüllten sich nicht?
– Was konnte ich geben?

So unterschiedlich wie die besuchten Institutionen waren auch die persönlichen Eindrücke. Alle Teilnehmer wurden mit Dingen konfrontiert, die sie vorher nicht gekannt oder kaum beachtet hatten. Sie haben Menschen getroffen, gepflegt, mit ihnen gesprochen, die aus verschiedensten Gründen als Patienten oder Klienten in der Institution leben. Sei dies von der schwersten Behinderung bis zur Drogentherapie, von der Strafverbüssung im Gefängnis bis zur Ungewissheit im Asyl-Durchgangsheim.

Entscheidend für uns Inova-Mitarbeiter waren natürlich die Fragen:
– Was habe ich für den beruflichen Alltag gelernt?
– Wie kann ich die Erfahrungen in die Arbeit bei den Kunden einbringen?

Von den meisten Teilnehmern positiv herausgestrichen wurde der Umstand, wie rasch man sich in dieser kurzen Zeit näher kommen kann. Wichtig war auch die Erkenntnis, dass auch in dieser anderen Arbeitswelt Menschen leben, die nicht völlig anders funktionieren und empfinden. Das Herantasten an Unbekanntes kommt ja gerade in unserem Berufsalltag mit häufigen Veränderungsprozessen immer wieder vor. Interessant zu beobachten war der rücksichtsvolle Umgang innerhalb einer Gruppe, in der nicht jeder das gleiche Tempo einzuhalten vermag. Die Anwendung im Berufsalltag ist täglich möglich.

Damit die starken Eindrücke dieser Einsatzwoche nicht nach kurzer Zeit verblassten, wurden drei konkrete Massnahmen definiert:

–   Inova öffnet den von uns besuchten Institutionen die Türen für einen umgekehrten SeitenWechsel.

–   Eine interne Stelle mit den Hauptaufgaben Dokumentenverwaltung/Archivierung wird explizit auch für eine Person mit körperlicher Behinderung ausgeschrieben.

–   Eine soziale Institution wird jährlich mit einem namhaften finanziellen Beitrag unterstützt.

Eine äusserst interessante und lehrreiche Arbeitswoche wurde damit abgeschlossen. Der SeitenWechsel war sicher der Höhepunkt bezüglich Aus- und Weiterbildung in der nunmehr zehnjährigen Geschichte des Inova-Teams.

Der SeitenWechsel als Instrument der Management-Entwicklung

Tony Ettlin, Mitglied der SGG-Kommission SeitenWechsel

Das SeitenWechsel-Projekt versteht sich als ein Ansatz der Management-Entwicklung mit der Hauptzielsetzung in der Förderung der sozialen Kompetenz.
    In den Unterlagen zum SeitenWechsel-Projekt werden die Lernziele und das Verständnis von «Sozialer Kompetenz» klar formuliert:

Lernziele

Lernen in anderen Arbeitswelten – das ist die besondere Methode von SeitenWechsel. Die Weiterbildung fördert die soziale Kompetenz der Teilnehmenden durch praktische Erfahrung. SeitenWechsel bietet Lernfelder für Kommunikation in anspruchsvollen Situationen, regt dazu an, eigene Wertvorstellungen zu hinterfragen, und stärkt das Verständnis für Menschen, die aus unterschiedlichen Gründen in unserer Leistungsgesellschaft nicht mithalten können. Im übergeordneten Sinn unterstützt SeitenWechsel den Austausch von Erfahrungen zwischen Wirtschaft und sozialen Institutionen und will dazu beitragen, die soziale Verantwortung der Unternehmen zu stärken.

Soziale Kompetenz

Sozial kommunizieren: Soziale Kompetenz bedeutet die Fähigkeit, Menschen mit Empathie zu begegnen und die Kommunikation als klärenden Prozess der Annäherung zu gestalten. Kommunikation eröffnet so neue Handlungsspielräume für alle Beteiligten.
    SeitenWechsel bietet ein konzentriertes Lernfeld, um in eindrücklicher Art und Weise mit Menschen zu kommunizieren, die in einer schwierigen sozialen und persönlichen Situation stehen.

Werte bedenken: Soziale Vorgänge kompetent interpretieren und gestalten zu können, bedingt ein Bewusstsein von übergeordneten Bedeutungszusammenhängen. Daher heißt soziale Kompetenz, sich im Kontakt mit anderen Menschen über die eigenen Wertvorstellungen und diejenigen anderer klar zu werden. SeitenWechsel bietet Gelegenheit, den Umgang mit Wertvorstellungen in der Begegnung mit Menschen am gesellschaftlichen Rand intensiv zu leben.

Verantwortlich handeln: Zu sozialer Kompetenz gehört die nachhaltige Verantwortung gegenüber der Gesellschaft und insbesondere ihren schwächeren Mitgliedern. Diese Verantwortung kommt im beruflichen, privaten wie im staatsbürgerlichen Bereich zum Tragen. SeitenWechsel zielt darauf ab, soziale Verantwortung im Unternehmen und im sozialen Engagement außerhalb der Berufswelt zu übernehmen.

Wichtige Rahmenbedingungen

Der SeitenWechsel erfüllt als Methode viele Anforderungen der modernen Management-Entwicklung. Er ist erfahrungs- und entwicklungsorientiert, individuell, spricht auf der Ebene der Werte und Einstellungen an und wird systematisch begleitet und ausgewertet. Dies trifft allerdings nur zu, wenn gewisse Rahmenbedingungen eingehalten werden. Neben dem klaren Bekenntnis des obersten Managements ist vor allem die Einbettung in ein langfristiges Programm für den Erfolg entscheidend. Ein SeitenWechsel-Einsatz braucht einen Rahmen, der die Vor- und Nachbereitung sicherstellt und die Umsetzung unterstützt. Ob dies ein Management-Entwicklungsprogramm oder ein offenes Angebot mit Netzwerk-Charakter ist, hängt von den betrieblichen und unternehmenskulturellen Eigenarten ab. Um den SeitenWechsel mit gutem Gewissen als Methode der Management-Entwicklung zu bezeichnen, braucht es diese

Einbettung und systematische Betreuung der Teilnehmenden. Sonst verkommt er zu einem Erlebnis-Ausflug in die soziale Landschaft.

Glaubwürdigkeit als wichtigste Bedingung

Was immer die Beweggründe der Entscheidungsträger für den SeitenWechsel sind, sie exponieren sich damit und gehen ein zweifaches Risiko ein:

1. Übereinstimmung von Worten und Taten

Sie sind herausgefordert, die Botschaft, die sie mit der Entscheidung verbreiten, in Taten einzulösen. Die Teilnehmenden und die kritischen Beobachter achten sehr genau auf die Übereinstimmung von Worten und Taten. Bei festgestellten Diskrepanzen heißt es sehr schnell: «Uns fordern sie auf, einen SeitenWechsel zu machen. Selber aber verhalten sie sich sozial inkompetent.» Oder: «Was nützt es, soziale Institutionen kennen zu lernen, wenn bei der nächsten Sparrunde wieder knallhart Stellen gestrichen und Leute entlassen werden.»

Wer sich also für den SeitenWechsel als Massnahme zur Förderung der Sozialkompetenz und der sozialen Verantwortung entscheidet, muss damit rechnen, daran gemessen zu werden.

2. Kritische Sicht der Teilnehmenden wird geschärft

Der Auftrag, einen SeitenWechsel durchzuführen, beinhaltet die Erwartung, dass die Teilnehmenden mit einer positiven, bereichernden Erfahrung zurückkehren. Ihr Horizont wurde erweitert, sie haben ihre Kompetenzen im Umgang mit ungewohnten Situationen und Menschen aus Randgruppen der Gesellschaft vergrößert, sie sind auf Veränderungen besser vorbereitet etc. Die Konfrontation mit den Schattenseiten unserer Gesellschaft und die Gespräche mit Menschen, die nicht nur positive Erfahrungen mit der Wirtschaft gemacht haben, können aber auch kritische Fragen und Skepsis gegenüber der eigenen Unternehmung wecken: «Was richten wir mit unserer wirtschaftlichen Tätigkeit an?» «Welche sozialen Auswirkungen, die wir intern nie besprechen, hat unser Tun?» «Wo verhalten wir uns zu egoistisch?»

Es ist gut möglich, dass eine Führungsperson nach ihrem SeitenWechsel-Einsatz weniger pflegeleicht ist und unangenehme Themen anspricht. Es kann sogar so weit kommen, dass er oder sie sich die Frage stellt: «Bin ich hier noch am richtigen Ort? Kann ich noch zu dem stehen, was wir da machen? Finde ich noch einen Sinn in meiner beruflichen Tätigkeit?» Die Teilnehmerinnen und Teilnehmer, bei denen der temporäre SeitenWechsel einen dauerhaften Wechsel in eine andere Berufswelt und andere Rolle ausgelöst hat, sind zwar selten. Aber, dass das Leben nach dem SeitenWechsel nicht mehr so harmonisch und konfliktfrei verläuft, kommt oft zum Ausdruck. Die Konfrontation mit der anderen Realität der Gesellschaft wirft Fragen auf und macht auf Widersprüche aufmerksam, die nicht so leicht aus dem Bewusstsein verdrängt werden können.

Die Aufnahme des SeitenWechsels ins Management-Entwicklungsangebot eines Unternehmens kann zum Prüfstein der Glaubwürdigkeit der Führungsphilosophie und der Unternehmenskultur werden. «Stehen wir zu dem was wir verkünden und sind wir bereit, es in die Tat umzusetzen? Können wir mit den Widersprüchen und Dilemmata in unserer wirtschaftlichen Tätigkeit umgehen? Sind wir bereit, die negativen Auswirkungen unserer Aktivitäten anzuschauen und Korrekturen vorzunehmen, die vielleicht auch Verzicht auf Umsatz oder Ertrag bedeuten könnten?» Und zu allererst: «Können wir die Diskussion über diese Themen offen und fair führen?»

Von diesen Fragen und den Antworten darauf hängt die Glaubwürdigkeit eines SeitenWechsels als Teil der Management-Entwicklung ab. Können diese Bedingungen nicht erfüllt werden, muss das Management mit Kritik und zynischen Bemerkungen rechnen, und die Massnahme wirkt sich eher kontraproduktiv auf die Motivation und die Unternehmenskultur aus.

Teil 5

Die Brücke zur Gesellschaft und in die Zukunft

Wer die Seite wechselt, denkt auch über das Verhältnis von Wirtschaft und Gesellschaft nach. Wie steht es mit der Ethik? Was bedeutet «soziale Verantwortung», wo doch alles nach mehr Markt und Globalisierung schreit? Auch in diesem sozialpolitischen Feld bewegt der SeitenWechsel nicht nur die Gemüter.

Epilog

SeitenWechsel und ethischer Diskurs

Dr. Hans-Peter Meier-Dallach, cultur prospectiv
Heinz Altorfer, Mitglied der SGG-Kommission SeitenWechsel

Ethik bewegt
Die Debatte über den Shareholder-Value erregt seit Mitte der Neunzigerjahre die Gemüter. Die Diskussionen rückten von den Wirtschaftsteilen in die Schlagzeilen, noch bevor die Krise des Spitzenmanagements von Großunternehmen in den letzten zwei Jahren die Grenze des Skandalösen überschritt. Die deutsche Gesellschaft für Soziologie widmete im Jahr 2000 der Frage «Was ist eine gute Gesellschaft?» einen großen Kongress. Der Stoff für die Ethik-Diskussion scheint heute so unbegrenzt wie die Probleme und Ereignisse, welche die internationale Gesellschaft aufwühlen. Gen- und Biotechnologie, die Menschen «sans papiers», die ökologische Zukunft, Hunger und Armut sind Themen, welche die Ethik vom Katheder der Experten auf die Straße ziehen. Die Anti-Globalisierungsbewegung stellt ethische Fragen emotional und direkt. Der Krieg im Irak hat Sprachschöpfungen hervorgebracht, die eine neue Ära einleiten: «Embedded journalism», «preemptive war», «preventive war». Wird Ethik eine mit High-Tech und Multimedieneinsatz herstellbare Dienstleistung? Wohl erstmals in der Geschichte kamen die Emotionen so weltumspannend hoch: Verunsicherung, Wut und verhaltene Skepsis auf der Straße und kaltes Kalkulieren über Öl und Blut, Philosophieren über das Gute und Böse hinter geschlossenen Türen und mediengerecht aufbereitet für den Bildschirm.

238

Kathederethik

Die hohe reine Ethik wurde im Laufe der Menschheitsgeschichte immer wieder von Krisen eingeholt und umgestürzt. Historiker werden die Episode, mit der wir das 21. Jahrhundert beginnen lassen, in die Reihe dieser Krisen einordnen. Platon erhält einmal mehr Recht. Wir leben in der Höhle, und unsere Höhepunkte sind lediglich Schattenbilder. Das Licht draußen, eine Ethik, die wie eine Sonne die Weltgesellschaft überstrahlt, ist nicht erkennbar. Wir basteln mit Graustreifen und kleinen Lichtblicken. Ethische Würfe und konsistente Theorien überzeugen nicht. Es ist indes nicht verwunderlich, dass sie als idealistische Gegenwehr trotzdem versucht und prominent angeboten werden. Ethikinstitute, Kompetenzzentren für Ethik werden aufgebaut und große Werke verfasst. Drei dieser Megaversuche bestreiten heute den Wettbewerb, auf die drängenden Fragen eine starke, ja definitive Antwort zu geben: Erfolgsethik, Weltethos und Schicksalsethik.

Erfolgsethik

Die Sonne ist liberal. Sie scheint durch die Gesetze der westlichen, effizienten und erfolgreichen Märkte und die technische Machbarkeit und Veränderbarkeit. Wenn man den Markt spielen lässt, werden alle davon profitieren, ist eine ihrer Kernbotschaften. Es handelt sich um die Erfolgsethik, die in den letzten Jahren unaufhaltsam aufgestiegen ist und den Weltgeltungsanspruch erhebt. Und wie es mit großen Ideen ist, sie beleuchten alles und jedes, das im Dunkeln liegt. Die Politik, Macht, Gewalt und der Alltag werden dann zivilgesellschaftlich, wenn man die letzten Nebel vertrieben und das letzte schattige Tal ausgeleuchtet hat. Ja, für ihre Vertreter auf den Kathedern ist es leicht geworden, das Buch zu schreiben, das mit der Geschichte abschließen will, wie es Fukuyama am Ende des letzten Jahrhunderts allerdings nur fast gelungen ist.

Weltethos

Die andere Theorie umgibt sich mit dem Namen Weltethos. Sie ist eine Ethik des Vertrauens. Sie baut darauf, dass hinter den Gegensätzen der Kulturen gemeinsame Kerne und Werte sichtbar sind. Es handelt sich um eine Vertrauensethik, die der Geschichte aller bisherigen Misserfolge zu erwidern versucht. Man erinnert sich an die Stoa des römischen Zeitalters, mit dem wir uns gerne vergleichen. Das spätrömische Reich hat alle bisherigen Grenzen geöffnet. Über dem Labyrinth der östlichen, griechischen und lateinischen Völker scheint Gemeinsamkeit durch. Eine Religion der Religionen ist absehbar. Sie schafft eine Zivilreligion, die Götter und Subgötter selbst der Barbaren leben lässt und das Kriegsbeil begräbt. Dieses Ethikmodell motiviert in der kommunikativ vernetzten modernen Welt viele Versuche. Küngs Weltethosansatz ist das bekannteste Beispiel. Gemeinsam ist ihnen, dass ein zivilgesellschaftlicher Rechtsraum über alle Grenzen hinweg auf der Basis gemeinsamer Rechte und Pflichten möglich sein wird. Die Vertrauensethik allerdings arbeitet langsam. Sie benötigt viel mehr Zeit als die ökonomisch orientierte Erfolgsethik. Zu groß sind heute die Gegensätze und Differenzen, zu dunkel und labyrinthähnlich ist der Untergrund der Kulturen, um schnell erfolgreich zu sein.

Schicksalsethik

Beide, die Erfolgs- und die Vertrauensethik, sind Versuche mit dem großen Strich. Sie sind Idealkonstruktionen der Wirklichkeit, wie wir sie im Alltag, in der Grau- und Dunkelzone erfahren. Die dritte Position gibt sich realistisch und ist skeptischer gegenüber einer durchgehenden, endgültigen Lösung. Sie geht von den Gesetzmäßigkeiten aus, denen die Menschheit wie jede Gesellschaft im Laufe der Geschichte immer wieder unterliegt. Die Gegensätze zwischen Arm und Reich, schnell und bedächtig, Erfolgreichen und Gestrandeten, Macht und Ohnmacht spielen mit uns. Der alte Schicksalsglauben ist nicht ausgestorben. Wie Tag und Nacht gewinnen einmal die Herren, gegen die sich die Knechte erheben und selbst zu neuen Herrschern werden. Die Ethik beobachtet das Geschehen als Pendel zwischen den verschiedenen Seiten eines Gegensatzes. Kann man seine Schwingungen beeinflussen? Man kann helfen, dass die Ränder dynamisch und beweglich bleiben, aber aufheben kann man die Gegensätze nie. Die Position ist dialektisch mit pessimistischem Anhauch – ein Korrektiv gegen den Idealismus. Hondrich formuliert sie im deutschsprachigen Raum aus der Sicht der Soziologie.

SeitenWechsel als Ansatz der Erfahrungsethik

Was ist SeitenWechsel in diesem Spannungsfeld der ethischen Auseinandersetzung? Man kann den drei großen ethischen Versuchen ein eigenständiges Projekt entgegensetzen, zu dem SeitenWechsel einen Beitrag leistet. Es baut an einer Erfahrungsethik, die im Berufsalltag von zwei Seiten der Gesellschaft aus entsteht. Der Ansatz setzt auf die Sinne. Fern ab von Kathedern wechseln Personen aus der Wirtschaft, die der Erfolgsethik folgt, für eine Woche die Seite und lernen die Sinne in einer anderen Welt schärfen, in jener Hemisphäre der Gesellschaft, die im Schatten der prestigestarken Wirtschaftssektoren steht. SeitenWechsel schreibt das andere Buch der Ethik. Es enthält unzählige Äußerungen, Berichte und Ergebnisse, die wie ein roter Faden zeigen, was beim Überschreiten der Grenze zwischen den zwei Seiten passiert. Das, was abstrakte Theorien in großen Strichen übersehen, wird in Begegnungen sichtbar, die persönlich und emotional einmalig und unvergesslich werden.

Das, was trennt

Es entsteht kein großer Wurf, sondern ein Tagebuch mit unzähligen kleinen Beobachtungen und Erfahrungen. Es ist ein endloses Werk mit unzähligen Seiten, die Erfahrungen festhalten. Es belegt die harten und die feinen Unterschiede, welche die beiden Seiten trennen – die Wirtschaft und die soziale Welt der Institutionen. Es ist ein Buch der Differenzen, Kontraste, der radikalen Unterschiede. Keiner

241

universalen Ethik verpflichtet, subjektiv und ungeordnet überraschen die Erfahrungen, setzen Fragezeichen, schaffen Erinnerungsspuren, die bleiben und Absichten, die Haltungen beeinflussen. SeitenWechsel von der Wirtschaft in die sozialen Institutionen ist eine Erkundung in der Schattenzone. Man baut auf Einsichten im Kriechgang. Kriechen ist langsam und fordert die Füße, die Arme und den Rücken. Er fordert jene enorm heraus, die gewohnt sind, im virtuellen Schnellgang auf Wechselkurse zu reagieren. Geschlossene Weltbilder und verfestigte Erklärungsmuster geraten in Schieflage. Widersprüche lösen sich nicht zielorientiert auf, sie bilden vielmehr den Humus, auf dem lebenspraktische Einstellungen wachsen.

Fortsetzungsgeschichten

Einer, der den SeitenWechsel von der sozialen Institution in die Wirtschaft vollzog, sich aus der schattigen in die helle Zone begab, meinte, SeitenWechsel sollte das Gemeinsame und die Übergänge von der einen zur anderen Welt dokumentieren. Wenn in einer Bank der Kunde eines konkursgeschädigten Unternehmens die Entschuldungsprozedur über sich ergehen lassen muss und die Geschichte als Krankheitsgeschichte in der psychiatrischen Auffangstation weitergeht, werden diese Übergänge sichtbar. Die beiden Seiten gehören zusammen. Was in der Wirtschaft beginnt, endet in der sozialen Institution. SeitenWechsel schreibt am Ethikbuch der Gegenwart, indem es die Seiten verknüpft. Es dominieren dabei nicht die grossen Substantive wie «Effizienz», «Erfolg» und «Schnelligkeit», sondern Verben und Adjektive. Es sind Tätigkeitswörter wie «zuhören», «unsicher sein», «andere nicht verstehen können», «plötzlich bekannt und nachgefragt zu werden». Große Worte, mit denen ethische Theorien bestückt sind, verschwinden im Alltag auf der anderen Seite. Ist es die Erlösung von diesen ehernen Substantiven, die mitverursacht, dass SeitenWechsel so stark wirkt und von den Beteiligten nachgefragt wird?

Vielfältig verschachtelte Seiten

Was zuerst als Wechsel von einer Welt in eine andere wahrgenommen wird, erhält schnell eine neue Komplexität. Aus einer Institution entstehen viele, aus zwei unzählig viele Seiten. Sie werden übereinander wahrgenommen, ineinander geschoben und verschachtelt. Viele SeitenWechsler habe das in ihren Erfahrungsberichten beschrieben. Die Erfahrung dieser Überlagerungen provoziert. Man entdeckt Mängel im eigenen Betrieb. Zum Beispiel erkennt man, dass das Assessment-Resultat einer untergebenen Person schnell und unsorgfältig mitgeteilt wurde, an der Oberfläche kleben blieb und das Wichtigste überging. Oder man entdeckt, dass die soziale Seite sehr unterschiedliche Abteilungen hat. Das Schattenreich der Erfolglosen und Gescheiterten ist unerhört vielfältig. Viele Berichte kommen zur lapidaren, aber bewegenden Erkenntnis: Es wird in diesen Institutionen auch gelebt, und zwar trotz schwieriger Situationen vital und originell.

Ethik von unten

SeitenWechsel ist ein Stück weit ein chaotisches Erfahrungsterrain. Es lässt tief in jene Niederungen eintauchen, die in den drei großen ethischen Entwürfen vielleicht mitgedacht, aber eigentlich doch nicht miteinbezogen werden. Fast alle, die SeitenWechsel mitmachen, schließen an die Wirklichkeitserfahrung im Bauch differenzierte Kopfarbeit an. Sie beginnen aus den Erfahrungen heraus, die kleinen Scherbenstücke einer Ethik aneinander zu fügen. Das in den Diskussionen entstehende Bild stimmt sie zuversichtlich. Einsichten werden ausgetauscht und gewinnen Farbe, wenn sie in Standardbegriffen wie «soziale Kompetenz» oder «soziale Verantwortung» gespiegelt werden. Jeder SeitenWechsel schafft ein Patchwork erfahrungsbezogener Einsichten. Dieses lässt die Voraussetzungen erkennen, auf der eine Ethik «von unten her» bescheiden Wurzeln schlagen kann.

Executive summary

Soziale Verantwortung ist im modernen schnellen Zeit-Raum der Wirtschaft schwer durchzusetzen. Die virtuelle Kommunikation und die boden- und ortslose Situation vieler moderner Betriebsabläufe verhindert dasjenige, was in der sozialen Institution das Notwendigste ist: Zeit zur Verfügung und einen gemeinsamen Boden unter den Füßen zu haben. SeitenWechsel ist die Einsicht in den Gegensatz des virtuellen, schnellen gegenüber dem vitalen, langsamen Zeit-Raum. Eine Ethik aus der Erfahrung beginnt mit dem Konkretesten, das es gibt, mit der persönlichen Präsenz in der Zeit und in den Räumen, in denen zwischenmenschliche Qualität zur Hauptsache wird. Die Schere zwischen Erfolgszeit im Unternehmen und der Heilungszeit, die als Präsenz auf der anderen Seite nötig ist, hat sich in den letzten Jahren geöffnet. Die zwei Seiten sind ein zusammenhängendes Geschehen. Das Outburning im Zeitkrieg für Effizienz, der radikale Misserfolg, verlangt die Fortsetzungs- als Krankheitsgeschichte. In ihr spielt das Gegenteil die entscheidende Rolle − Präsenz von Personen, die Zeit haben.

Die Sprachen der beiden Seiten sind grundverschieden. Seiten-Wechsler erfahren, dass im Zeit-Raum der Wirtschaft im standardi-sierten Schnellfeuer kommuniziert werden muss, während in der Sozialen Institution zuhören, langsam sprechen, schweigen lassen und können notwendig sind. Die «Kultur der Dauer» erfahren und erkannt zu haben, ist eine wichtige Einsicht, über die nuancenreich berichtet wird. Personen sind in der sozialen Institution nicht belie-big auswechselbar. Die Personalressource ist Präsenzkapital und Beziehungschance für die Klienten. Die Kontinuität dieser Beziehungen ist in schwierigen Situationen unersetzlich. Die Flexibilität, Austausch- und Ersetzbarkeit der Menschen ist in jedem Raum begrenzt, der soziale Qualität erreichen will − selbst im Gefängnis. Das intelligente Formular im Computer kann die mitsprechende und -schreibende Person im Gefängnis nicht ersetzen. Geschichten auf der anderen Seite brauchen ihre Zeit.

Die zwei Seiten haben gegensätzliche Erfolgsmaßstäbe. Im Unternehmen sind die Erfolgserlebnisse eindeutig, klar und intensiv im Sinn «immer besser, effizienter und durchgreifender». An bestimmten Stellen steht man in einem unerbittlichen Erfolgskrieg, der karrierewirksam ist. Auf der sozialen Seite berechnet sich die Erfolgsbilanz anders: auch im Rückfall nicht aufgeben oder in einer schwierigen Situation etwas beitragen, wenn das Leben der betreuten Person so oder so zu Ende geht. Erfolg heisst hier auch Investment in nicht erfolgreiche Situationen.

Wenn SeitenWechsel diese Gegensätze auf der individuellen Ebene erlebbar macht und damit die Erfolgsmassstäbe und die Annahmen, die den jeweiligen Systemen zugrunde liegen, kritisch beleuchtet, ist viel erreicht.

Es bleibt die Frage, was denn SeitenWechsel über den individuellen Nutzen der Beteiligten hinaus für die Institutionen, Unternehmen und die Gesellschaft bewirkt. Darüber gibt es kein endgültiges Wissen. Die statistischen Trends liefern zwar Hinweise, aber die Einschätzungen dieser Wirkung sind unterschiedlich und nicht widerspruchsfrei. Ist SeitenWechsel ein Beitrag an eine sozial verantwortliche Wirtschaft? Bewirken die Berührungen an den Rändern zweier gesellschaftlicher Bereiche notwendige Veränderungsprozesse in den betroffenen Organisationen? Oder bewegt sich SeitenWechsel in jenem sozialutopisch angehauchten Raum, der die Realitäten kaschiert und sich vortrefflich als Instrument zur Herstellung öffentlichen Vertrauens missbrauchen lässt? Wer diese Fragen beantwortet haben will, muss Abschied nehmen von naiven Einstufungen auf der Ja-Nein-Skala. Vergleichbar der komplexen individuellen Erfahrung des SeitenWechsels sind in Unternehmen und Institutionen Entwicklungen das Produkt vielfältigster Einwirkungen. Eine davon nennt sich SeitenWechsel.

SeitenWechsel gründet auf ein Projekt, das mit dem Gott der kleinen Dinge rechnet und in ihn vertraut. Die emotional durchgehend positiven Wertungen der Erfahrungen und die dadurch ausgelöste Zuversicht belegen eines. Der Erfahrungsweg zu einer Ethik beim Wechsel der Seiten ist mehr als ein Besuch in der Höhle von Platon. Es entstehen Erinnerungsfunken, die dann für den eigenen Betrieb wichtig werden, wenn sie im Gedächtnis gemeinsam aufbewahrt bleiben und weitergegeben werden. Die beiden Seiten weben über das Patchwork von Erfahrungen hinaus einen mannigfaltigen Teppich. Auf ihm würden die großen ethischen Entwürfe weniger oft ausrutschen, als auf dem Parkett der Kathederethik beobachtet werden kann.

Anhang

SeitenWechsel in den Medien

Eine Auswahl von Publikationen:

Tages-Anzeiger, 6./7. April 1996: Mit «SeitenWechsel» soll Kompetenz gestärkt werden, von Alfons Sonderegger.

NZZ, 9. April 1996: Wenn Manager in der Gassenküche arbeiten, von «aks».

Tages-Anzeiger, 21. August 1996: Sozialkompetenz durch Gemüserüsten, von Charlotte Spindler.

Handelszeitung, 20. Februar 1997: Standortbestimmung, von Helga Wienröder.

Blick, 2. Oktober 1997: Tränen beim «SeitenWechsel», von Peter Padrutt.

NZZ, 21. Oktober 1998: Kompetenzaustausch in fremdem Revier – Eine Investition ins humane Kapital (Interview mit Peter Müller, Winterthur Versicherungen), von Sibylle Omlin.

Tages-Anzeiger, 3. September 1999: Ein Seitensprung mit positiven Folgen, von Michael Ammann.

Neue Luzerner Zeitung, 2. Juni 2000: Manager helfen Behinderte betreuen, von Pirmin Schilliger.

NZZ, 8. November 2000: Soziale Kompetenz – «Tool» oder Grundhaltung?, von «mah».

Der Bund, 8. November 2000: Begegnung mit dem Unbekannten hinterlässt Spuren, von Mathias Morgenthaler.

STERN, 47/2000: Praktikum im Leben, von Markus Grill (zum SeitenWechsel in Deutschland).

DIE WELT, 22. Juni 2002: Manager entdecken ihre sozialen Stärken, von Michael Gestmann (zum SeitenWechsel in Deutschland).

Medienkonferenz 20. August 2002:

Tages-Anzeiger, 21. August 2002: Eine Woche lang beruflich die Seite wechseln, von Ruedi Baumann.

Mittelland-Zeitung, 21. August 2002: Statt ins Seminar in die Klinik, von Gabriela Weiss.

Der Bund, 23. August 2002: UBS-Manager lernt von psychisch Kranken, von Mathias Morgenthaler.

Fernsehen:

SF1, 2. Oktober 1997, DOK: Seiten Wechsel: Zwei Bankmanager im Sozialeinsatz, Film von Matthias von Gunten.

ARTE, Sommer 2001: Manager als Sozialarbeiter, Film von Katrin Kammer.

Télévision Suisse Romande, 17 novembre 2002: Reportage TF dans le cadre de l'Emission du dimanche soir. Titre: Mise au Point.

Theater:

Theaterstück «SeitenWechsel» von Peter Höner. Uraufführung: Landesbühne Wilhemshaven, Januar 2001.

Die SGG-Kommission SeitenWechsel

Thomas Albrecht, Leiter des Wohnheims für jüngere Behinderte Bärenmoos, 8942 Oberrieden.

Heinz Altorfer, Leiter der Abteilung Life and Work, Migros Kulturprozent, 8031 Zürich.

Tony Ettlin, Unternehmensberater, 8142 Uitikon-Waldegg.

Claire-Lise Gilliéron, TransFaire, 1083 Mezières.

Lucie Hauser, Geschäftsleiterin SeitenWechsel, ProjekTATelier, 8044 Zürich.

Susan Ludescher, Personalfachfrau, 8400 Winterthur.

Ursula Meier, ABB Schweiz, Mitarbeiterin in der Geschäftsstelle SeitenWechsel, 5400 Baden.

Hans-Peter Meier-Dallach, cultur prospectiv, Evaluation SeitenWechsel, 8008 Zürich.

Matthias Schmutz, UBS AG, 8098 Zürich.

Hanspeter Thiel, Wollerau, Delegierter der SGG.

Klaus Schweingruber, Unternehmensberater BGU, 8197 Rafz.

Die Redaktionsgruppe

Dr. Herbert Ammann, Geschäftsführer SGG
Heinz Altorfer
Dr. Hans-Peter Meier-Dallach
Tony Ettlin

Autorinnen und Autoren

Thomas Albrecht: Geschäftsführer der Stiftung Wohnraum für jüngere Behinderte, Wohnhaus Bärenmoos, Oberrieden, Förderung von Wohnangeboten für jüngere körperbehinderte und hirnverletzte Menschen.

Dr. Herbert Ammann: Geschäftsführer der Schweizerischen Gemeinnützigen Gesellschaft Zürich; verschiedene Publikationen im Rahmen seiner Tätigkeit, Beratungsaufträge im In- und Ausland, Autor eines Zukunftsromans «Die Leermondtänzer», 1998.

Heinz Altorfer: Leiter der Abteilung «Life and Work» in der Direktion Kulturprozent des Migros- Genossenschafts-Bundes,Zürich, Mitglied der Kommission SeitenWechsel der SGG.

Martin Christen: Prokurist, Development Services, Geschäftsbereich IT UBS Schweiz; Projekt- und Linienführung.

Annelis Eichenberger: Dipl. Sozialarbeiterin FH, NDS Management in NPO-Organisationen, Mitarbeiterin im Leitungsteam des Frauenhauses Luzern.

Tony Ettlin: Dipl. Psych. IAP, Berater für Personal- und Organisationsentwicklung, Uitikon-Waldegg, Mitglied der Kommission SeitenWechsel der SGG.

Michael Finnern: Dipl.-Ing. Leiter Investitionsplanung/Projekte Airbus Deutschland GmbH, Hamburg.

Lucie Hauser: Geschäftsführerin des ProjekTATeliers, Zürich, Leiterin der Geschäftsstelle SeitenWechsel.

Franz Hohler: Kabarettist und Schriftsteller, lebt, lernt und arbeitet in Zürich und ab und zu in anderen Welten. Letzte Veröffentlichungen: «Zur Mündung – 37 Geschichten von Leben und Tod» und CD «Weni mol alt bi».

Lothar Illing: Leiter Kundencenter-Steuerung, OTTO GmbH & Co. KG, Hamburg, Umsetzung eines exzellenten und wirtschaftlichen Kundenservices in den 24 Call-Center-Standorten von OTTO.

Ursula Meier: Lic. jur., Leiterin Personal- und Organisationsentwicklung und strategisches Human Resources Management ABB Schweiz AG, seit 1.1.2003 Teilzeitmitarbeit im SeitenWechsel.

Dr. Hans-Peter Meier-Dallach: Leiter des Instituts cultur prospectiv, soziologische Forschung, Beratung und Projekte, Zürich, wissenschaftliche Begleitung und Auswertung des SeitenWechsels.

Marcel Ospel: Präsident des Verwaltungsrates der UBS AG, Basel, Mitglied des SeitenWechsel-Beirats.

Thomas Piehl: Direktor, Leiter Regionalbereich Süd der Hamburger Sparkasse, Hamburg.

Dr. Annemarie Pieper: Emiritierte Professorin der Pilosophie an der Universität Basel, zahlreiche Publikationen zu Philosophie und Ethik, letzte Publikationen: «Søren Kierkegaard», München 2000, «Glückssache. Die Kunst, gut zu leben», Hamburg 2001.

Dr. med. Fritz Ramseier: Stv. Chefarzt des Internen Psychiatrischen Dienstes, Klinik Königsfelden.

Dr. Anton Scherrer: Präsident der Generaldirektion des Migros-Genossenschafts-Bundes, Zürich.

Hannes Schibli: Leiter der Werbeabteilung der Migros-Genossenschaft Zürich, passionierter Werber kurz vor der Pension.

Ruedi Schmid: Dipl. Masch. Ing. HTL/STV, Unternehmensberater für Logistik und Betriebsplanung, Partner der Inova Management AG, Wollerau.

Christian Schulze: Niederlassungsleiter im Privatkundengeschäft einer regionalen Geschäftsbank in Norddeutschland (Hypovereinsbank), Hamburg, Führungsverantwortung für 170 Mitarbeitende und 13 Filialen.

Matthias Schwark: Geschäftsführer der Patriotischen Gesellschaft von 1765 in Hamburg.

Dr. Judith Stamm: Präsidentin der Schweizerischen Gemeinnützigen Gesellschaft, alt-Nationalrätin, Luzern.

Monika Stocker: Stadträtin und Vorsteherin des Sozialdepartements der Stadt Zürich, Initiantin des SeitenWechsels.

Dr. Daniel Vasella: Verwaltungsratspräsident und CEO der Novartis AG, Basel, Mitglied des SeitenWechsel-Beirats.

Dr. Therese Walter: Mitarbeiterin am Institut cultur prospectiv, Zürich, Evaluation des SeitenWechsels.

Andrea Wechlin: Dipl. Sozialarbeiterin FH, NDS Management in NPO-Organisationen, Mitarbeiterin im Leitungsteam des Frauenhauses Luzern.

Cornelia Zachäus: Dipl. Ing. Elektrotechnik, Sales Manager für Gasisolierte Schaltanlagen, Nordamerikanischer Markt, ABB Baden.

Grafische Gestaltung

Theres Jörger, Visuelle Gestaltung, Zürich

Geschäftsstelle SeitenWechsel und SGG

ProjekTATelier
Lucie Hauser / Ursula Meier / Tamara Jucker
Stauffacherstrasse 106
8004 Zürich
Tel.: 01 241 77 44
Fax: 01 241 77 63
e-mail: projektatelier@bluewin.ch
Internet: www.seitenwechsel.ch

Schweizerische Gemeinnützige Gesellschaft
Geschäftsstelle
Dr. Herbert Ammann
Schaffhauserstrasse 7
8042 Zürich 6
Tel.: 01 366 50 30
Fax: 01 366 50 31
e-mail: sgg-ssup@bluewin.ch
Internet: www.sgg-ssup.ch

Weitere Titel aus dem Orell Füssli Verlag

71 Prozent der Unternehmen sind mit ihrer jetzigen Unternehmenskultur nicht zufrieden

Hans Rudolf Jost

Unternehmenskultur
Wie weiche Faktoren zu harten Fakten werden

«Soft Factors» sind nicht einfach etwas für die Softies unter den Managern. Sie sind die gesammelten Kräfte der Unternehmenskultur, die ein Unternehmen wirtschaftlich erfolgreich werden lassen – messbar in Euro und Cent. Dies ist die wichtigste Erkenntnis der breit angelegten «Grundlagenforschung Unternehmenskultur», an der 280 Unternehmen teilnahmen.

Wie «weiche Faktoren» zu harten Fakten werden, zeigt Jost an vielen Fallstudien aus der Praxis auf und stellt erstmals Treiber und Defizite von Unternehmenskultur aus dem Betriebsalltag dar. Mit Tools, wie zum Beispiel dem Tool «Storymanagement», weist Jost Wege, wie aus den Elementen des betrieblichen Umfeldes, aus den täglich gelebten Geschichten eines Unternehmens ein praktisch umsetzbares Konzept wird.

184 Seiten, gebunden, ISBN 3-280-05029-4

orell füssli Verlag AG

Erinnerung an leicht vergessene Selbstverständlichkeiten im Management

Rudolf Villiger

Führen: Zurück zum Wesentlichen

Erfolgreiche Unternehmensführung ist eine ebenso bedeutsame wie kunstvolle Tätigkeit, die auf menschlicher und fachlicher Kompetenz basiert. Sie setzt Kenntnis wie Beherrschung des komplexen Netzwerkes ihrer wesentlichen Grundsätze voraus. Die auffällig hohe Zahl unternehmerischer Fehlleistungen unserer Tage zeigt, dass die Grundlagen unternehmerischer Kompetenz vielfach in Vergessenheit geraten sind.

Aus dem Inhalt:
- Leadership oder die Kunst zu führen
- Corporate Governance
- Vision, Politik, Strategie, Struktur
- Ziele setzen, planen, motivieren, messen
- Marketing: keep it simple
- Leistungskontrolle und Risikokontrolle
- Vom Umgang mit der Zeit.

294 Seiten, gebunden, ISBN 3-280-05012-X

orell füssli Verlag AG